Jens Zygar
Das kreative Gong-Buch

Für Erik

Jens Zygar

Das kreative
Gong-Buch

Verlag Bruno Martin

© 1994 Jens Zygar
Deutsche Erstveröffentlichung
Verlag Bruno Martin GmbH
D-21394 Südergellersen

Titelgestaltung:
Nana Nauwald und Dirk Schellberg
unter Verwendung eines Fotos von Herbert Grohmann,
der auch die Fotos im Text aufgenommen hat.
DTP-Satz: Verlag Bruno Martin GmbH
Druck: Fuldaer Verlagsanstalt GmbH, Fulda

1. Auflage 1994

Printed in Germany

ISBN 3-921786-78-9

Inhaltsverzeichnis

Vorwort

Dieses Buch entstand unter dem Eindruck eines langjährigen Abenteuers mit einem der aufregendsten Themen musiktherapeutischer Arbeit. Es handelt von den unerforschten Wirkungsweisen von Gongs und ihren Klängen auf den Menschen sowie ihren vielen Anwendungsmöglichkeiten in der modernen Musik. Darüber hinaus geht es um den Einsatz von Gongs für verschiedene Meditationen und in der therapeutischen Arbeit.

Meine Motivation, mich so verbindlich und ausschließlich mit dem Thema „Gong" zu beschäftigen, ist auf eine persönliche Vision zurückzuführen, die ich Mitte der achtziger Jahre während einer Lebensphase des Suchens und Ausprobierens erlebt habe.

Die akute Notwendigkeit einer Erneuerung der neuzeitlichen westlichen Lebensweise, die sich in vielen aktuellen Krisen offenbart, verleitet mich zu Ansichten, die manchen Menschen als übertrieben erscheinen mögen. Sie spiegeln jedoch meine tiefste Überzeugung wieder, daß die Bemühungen um einen umfassenden Bewußtseinswandel gar nicht konsequent genug vorangetrieben werden können.

Ich sehe meine Lebensaufgabe aufs engste verknüpft mit dem Finden und Experimentieren von neuen Berührungspunkten zwischen Mensch, Gesellschaft und Umwelt, wobei mir die Integration holistischer Bezugspunkte in die Kreativität des Alltags von größter Bedeutung erscheint. Die Arbeit mit den Gongs ist mein Lehrmeister, ebenso wie die zahlreichen Begegnungen mit den vielen engagierten Menschen, die entsprechend ihrer persönlichen Begabung ihren Beitrag leisten für den „Aufbruch ins dritte Jahrtausend".

Musik wurde seit jeher dazu benutzt, die menschliche Vorstellungskraft zu inspirieren und sie in jene Bereiche zu geleiten, die der alltäglichen Wahrnehmung nicht unmittelbar zugänglich sind. Jede Epoche hat ihre eigene Musik entwickelt, die als Impuls in einem „morphogenetischen" Sinne neue Erkenntnisse und Betrachtungsweisen ermöglicht hat. In diesem Sinne wird auch die neu verstandene, klangorientierte Gongmusik ihre Wirkung auslösen.

Musik ist dank glücklicher Umstände das Medium meiner Kreativität, und Gongs sind meine hervorragenden Begleiter auf den Reisen in unbekannte Dimensionen des Bewußtseins. Meiner Meinung nach gehört es zu den Aufgaben der menschlichen

Evolution, jene noch unbewußten Räume zu betreten und die dort gemachten Erfahrungen in unser Bewußtsein zu integrieren.

Inspiriert durch die Beschäftigung mit einem breiten Spektrum ganzheitlicher Lebensformen habe ich versucht, eine musikalische Umgangsform zu finden, die dem Bedürfnis nach einem größerem Verständnis der Zusammenhänge unseres Lebens gerecht werden kann. Dieses größere Verständnis der Zusammenhänge setzt ein Betreten neuer Gedankenwelten voraus und geht einher mit einem Wachstum neuer Manifestationen in unserem persönlichem Verantwortungsbereich.

Die Beschreibung dieser komplexen Dynamiken setzt Definitionen und Prämissen voraus, denen noch keine „Hochschulzulassung" erteilt worden ist. Alle auf den folgenden Seiten beschriebenen Beobachtungen und Schlußfolgerungen versuchen aktuelle Kenntnisse und Ansichten einzubeziehen, sind aber gleichzeitig persönliche, diskutierbare Interpretationen. Die Inhalte möchten Sie vor allem anregen und motivieren, sich mit dem faszinierenden Thema „Gong" auseinanderzusetzen und eigene Erfahrungen zu sammeln und sich kreativ und konstruktiv mit dem Medium Klang zu beschäftigen.

Ich möchte mich an dieser Stelle ganz herzlich bei meinem Verleger Bruno Martin bedanken, ohne dessen Engagement diese Schrift jetzt nicht in Ihren Händen läge.

Einen recht herzlichen Dank auch an Gertrud Schroeder von der Schule für Kampfkunst und Meditation „Friedlicher Drache" in Freiburg für das wertvolle Lektorieren der Übungen und an Herbert Grohmann aus Hamburg für die fotografischen Arbeiten!

Ein besonderes „Dankeschön" geht aber vor allem an meine Lebensgefährtin Anke für ihre Geduld mit mir während der Entstehungsphase dieses Buches und an unsere beiden Söhne Paul und Ino, denen ich die wichtigsten Einsichten in das Wesen der Musik verdanke!

Jens Zygar
Hamburg, den 28. Februar

1. Kapitel
Mythos Gong

Glücklich schätzen darf sich jeder Mensch, der in einer Zeit, die geprägt ist von ökologischer und zwischenmenschlicher Selbstzerstörung, auf ein lebendiges Symbol der universalen Einheit stößt und in der Beschäftigung mit diesem Symbol Inspiration, Hoffnung, Befriedigung findet. Vor allem aber kann dieser Mensch darin ein Mittel entdecken, das ihm helfen kann, gegenüber dem sich immer entfesselter gebärenden kollektiven Wahnsinn eine mögliche Strategie des persönlichen Überlebens zu entwickeln.

Noch vor wenigen Jahren hätten diese Worte so drastisch geklungen, daß sie kaum verstanden worden wären. Inzwischen übertreffen die täglichen Nachrichten aus aller Welt selbst die apokalyptischen Visionen kritischer Zeitgeister. Anstelle von Aufarbeitung, Integration oder gar Lösung dieses globalen Krisenzustandes lassen sich überwiegend kollektive und destruktive Kompensationen beobachten, vorzugsweise in solchen Lebensbereichen, die eigentlich Ideen, Visionen und Taten beispielhaft präsentieren sollten: jene der menschlichen Kunst- und Kulturschöpfung.

Ich möchte allerdings nicht entnervt und neurotisch den Untergang des Abendlandes beschwören! Viel schwieriger erscheint mir die gestellte Aufgabe, die vielen Erlebnisse, Beobachtungen und Perspektiven, die mir seit der Eröffnung des „Klanghauses" im April 1987 in Hamburg begegnet sind, in einem sinnvollen und nachvollziehbaren Gesamtzusammenhang darzustellen.

Im wesentlichen geht es um Konzeptionen und Definitionen zum Thema *Gong, Klang und Transformation*, und darüber hinaus möchte ich Sie, als respektierte Leserin und Leser, von der Vision einer holistischen Musikalität begeistern. Sämtliche in diesem Zusammenhang vorgeschlagenen Thesen lassen sich leicht auf alle anderen Musikinstrumente übertragen und sind in den verschiedensten Formen der musiktherapeutischen Arbeit anwendbar.

Im Zentrum der Aufmerksamkeit steht ein uralter archetypischer Klangkörper, der sich in den letzten Jahren eine moderne, fortschrittliche und tragfähige Erscheinung „zugelegt" hat. Außerdem ist auf Grund seiner exemplarischen universalen Klangeigenschaften der zeitlose Mythos „Gong" ein absolut vorbildliches, didaktisches Objekt der Selbsterfahrung mit vielfältigen Verwendungsmöglichkeiten. Der Gong erschließt sich vorzugsweise über das Hören und Erleben seiner unnachahmlichen Klänge. Durch seine magische Wirkung hat er eine starke Ausstrahlung auf seine Zuhörer(innen) und löst bei vielen von ihnen ein nachhaltiges Interesse aus.

Der Standpunkt des Erlebenden bestimmt wie in allen Dingen des Lebens die Erlebnisse des Betrachters. Deshalb will dieses vorliegende Buch nicht nur der historischen Integrität eines wundersamen Instrumentes gerecht werden, sondern insbesondere auch den konzeptionellen Rahmen gängiger musikalischer und therapeutischer Definitionen visionär erweitern. Die vorgeschlagenen Selbsterfahrungsübungen können helfen, die potentielle Evolution der Erlebnisfähigkeit zu steigern.

Darüber hinaus drückt sich die Universalität des Gongs in vielfältigen Projektionen aus; verschiedene Systeme der Anwendung, die ohne Anspruch auf Vollständigkeit im Verlaufe der Ausführungen dargestellt werden, existieren und funktionieren nebeneinander und sind erfolgreicher Ausdruck individueller Bemühungen, unser Leben zu bereichern.

Dieser Trend, sich mit ganzheitlichen Theorien und Arbeitsmethoden zu beschäftigen, steht sicherlich im Zusammenhang mit dem an vielerlei Orten beschworenen Bewußtseinswandel und hat offensichtliche Veränderungen in der westlichen „Volksmusik" hervorgebracht. Die Wandergitarre ist zusammen mit der Mundharmonika in den Schrank gewandert und an ihre Stelle traten afrikanische und lateinamerikanische Trommeln und Rasseln, australische Holzblasinstrumente, heilige vedische Lieder, mongolische Gesangstechniken und natürlich auch jene metallenen Klangscheiben, die ehemals den Inbegriff der asiatischen Kultur darstellten.

Von einem therapeutischem Verständnis des Gongs und seiner Qualitäten, Auswirkungen und Möglichkeiten kann meines Erachtens in der westlichen Hemisphäre erst seit dem Beginn der 70iger Jahre des 20. Jahrhunderts die Rede sein. Nach dem gescheitertem Versuch, die erkrankte Gesellschaft durch eine Revolution zu verändern, setzte sich nach und nach die Erkenntnis durch, daß in „Wirklichkeit" das Individuum die pathologischen Realitäten kreiert. Durch die eigene Heilung, in der Regel Gewahrwerden der geistigen Essenz und Verwirklichung des seelischen Planes, kommt es zu einem positiven Effekt auf die Gesamtsituation, ein morphogenetisches Feld eines erweiterten Bewußtseins entsteht und prägt die Evolution der Menschen.

Die Methoden, Schicksale und Wege in diesem Zusammenhang sind ungemein vielfältig. Insgesamt gesehen haben jedoch selbst die extremen Standpunkte, Erfahrungen und Wirklichkeitsbeschreibungen dazu beigetragen, das sich neue Prämissen und Eckwerte überhaupt erst gebildet haben. Sie sind sozusagen Voraussetzung dafür, einen so komplexen Vorgang wie das sinnliche Erleben eines Gongklanges und all die daraus resultierenden Verbindlichkeiten auf den körperlichen und feinstofflichen Ebenen im Ansatz erfassen zu können.

Selbstverständlich handelt es sich bei diesen grundlegenden Erkenntnissen nicht um noch niemals zuvor erkannte, verkündete und gelebte Wahrheiten. Die klassische als auch die moderne Literatur der holistischen Erkenntnistheorie umfaßt unübersehbar viele Richtungen und Traditionen, in denen sich sämtliche möglichen Gedanken finden. Neu ist jedoch, daß die Entdeckung der individuellen Kreativität maßgeblich an der Erscheinung des zukünftigen Menschen beteiligt sein wird. Es sind deutlich und fast ausschließlich die Initiativen einzelner Menschen, die sich konstruktiv mit den Sorgen und Nöten des modernen Erdbewohners befassen. Die eigentlich für solche Fälle vorgesehenen sozialen Instanzen, die politischen Gremien oder wirtschaftliche Interessenvereinigungen, scheinen offensichtlich mit ihrem eigenen Überleben beschäftigt zu sein! Trotzdem haben in den letzten Jahren viele international bekannt gewordene Forscher und Wissenschaftler einen gemeinsamen Nenner für die ihre Spezialgebiete überschreitenden holistischen Strukturen und analoge Dynamiken des Lebens geschaffen, der viele Menschen zu einer anderen möglichen Sicht der Dinge verholfen hat. Gleichzeitig haben sich immer mehr Menschen in voneinander unabhängigen Arbeitsgruppen, Lebensgemeinschaften und Interessenverbände zusammengefunden, um gemeinsam neue Lebensweisen zu ergründen.

Der Musik scheint innerhalb dieses „Neuen Zeitalters" eine ganz entscheidende Rolle zuzukommen. Nicht nur, daß sich über das musikalische Erleben der Sinn vieler subtiler Realitäten auf eine besonders lebendige Art und Weise nachvollziehen läßt, sondern auch weil die Musik die Rolle einer Lehrmeisterin übernehmen kann. Die Erfahrungen der letzten Jahre haben in den verschiedensten Fällen und Situationen aufgezeigt, das die mehr klanglich ausgerichtete Musik, wie sie in besonderem Maße durch Gongs hervorgebracht wird, in der Lage ist, den erlebenden Menschen in eine größtmögliche Begegnung mit der Ganzheit des eigenen Selbstes zu stürzen, um dort unter gewissen Umständen deutliche Verwandlungen vorzunehmen.

Das unfaßbare psychoaktive Potential der Gongs hat insbesondere die Aufmerksamkeit fortschrittlicher Therapeuten auf sich gezogen und die Frage nach dem angemessenen Umgang mit solch einem wirksamen Handwerkszeug aufgeworfen. Vielfältigste Auseinandersetzungen und Erfahrungen mit der Welt der Gongs haben nachvollziehbare und begehbare Pfade aufgezeigt, die von einem größeren, „kosmischen" Zusammenhang künden und eine zielgerichtete Auseinandersetzung mit dem therapeutischen Einsatz des Gongs ermöglichen.

Die Frage nach dem gefahrlosen Umgang ist insofern berechtigt, weil jeder, der mit Gongs zu tun hat, sei es als Musiker, Therapeut oder einfach als interessierter Laie, relativ schnell in einen Erfahrungsbereich vorstößt, für den es keine vergleichbaren Bezugssituationen gibt. Diese unbeschreibliche Atmosphäre in einem Gongkonzert oder innerhalb einer therapeutischen Erfahrung sind Anlaß für vielfältige Spekulationen über das eigentliche Wesen des Klangs und seinen Fähigkeiten, die Psyche zu beeindrucken oder gar zu verändern.

Das Spektrum der Reaktionen verschiedener Menschen auf ein- und denselben Gongklang schließt die gesamten Möglichkeiten menschlichen Fühlens und Denkens ein. Das Erleben abgrundtiefer existentieller Ängste kann genauso leicht auftreten wie „himmlische Lichterfahrungen", und aus dieser vordergründigen Widersprüchlichkeit ergeben sich hochinteressante Betrachtungen, wie ich sie in den folgenden Abschnitten meinen Erfahrungen und Meinungen entsprechend darlegen möchte.

Ein großer Unterschied zu den meisten anderen Instrumenten und Werkzeugen musikalischer und therapeutischer Arbeit besteht in der schnell zu erlernenden Spieltechnik bei unmittelbarer optimierter Ausdrucksfähigkeit. Der Gong ist ein unvergleichlich einfacher Tonproduzent, auch ein(e) Anfänger(in) vermag nach kürzester Einführungsphase absolut befriedigende Klangbilder zu erzeugen, die sich als ein perfekter Spiegel der persönlichsten Umgebung darstellen. Trotzdem ist der Gong auf gar

keinen Fall ein Encounterspielzeug zum Austoben, sondern sollte wie alle heiligen Ge-
genstände respektvoll behandelt werden.

Zur sinnvollen Begleitung der folgenden Ausführungen empfiehlt sich entweder das
Anhören der im Anhang vorgestellten Tonträger; besser aber noch die Beschäftigung
und Erfahrung mit einem eigenem Instrument.

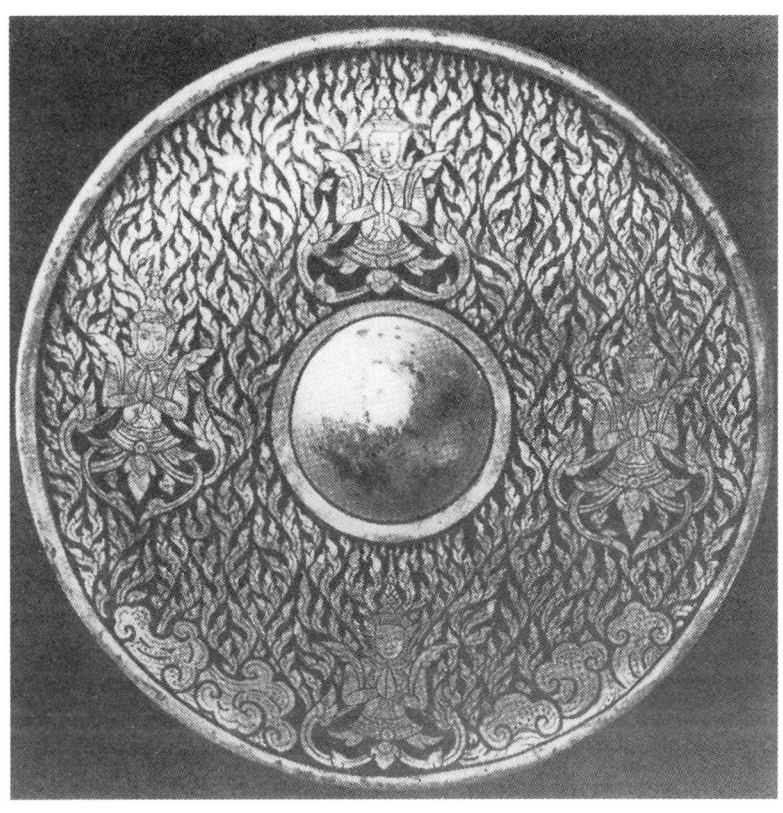

Abb. 1: Siam-Gong mit buddhistischem Weltbild

Abb. 2: Gongähnliche Trommel aus Kambodscha

2. Kapitel
Der Gong im Leben der Völker

Gegen Ende des Steinzeitalters ca. 15.000 v. Chr. kam es zur Entstehung der großen Ackerbaukulturen. In diese Epoche fiel außer der Kultivierung der Viehhaltung - die Männer mußten nicht mehr so viel Zeit mit der Jagd verbringen und hatten somit mehr Energie für andere wichtige Dinge zur Verfügung - auch die Entdeckung der Steinöfen. Mit der zunehmenden Größe dieser Öfen kam es, vielleicht zufällig, zu der Entdeckung, das manche der in den Öfen verwendeten Steine zerschmolzen und völlig neue Materialien entstanden. Auf die Entdeckung des Zinn folgte die Entdeckung des Kupfers und in der Folge ergab sich aus der Verschmelzung dieser beiden Materialien wiederum ein neuer Werkstoff, die Bronze.

Der exakte Ursprung der „kreisrunden Bronzeschlagscheibe" kann nur vermutet werden. Es ist anzunehmen, daß mit dem Einsetzen des Bronzezeitalters ca. 3500 v.Chr. die ersten klingenden Bronzeobjekte entstanden, gehört es doch zum grundsätzlichen Wesen des Menschen, mit den Ergebnissen seiner Kreativität spielerisch zu experimentieren. So ist der Weg vom praktischen Gefäß über das schützende Schild hin zu einem tönenden Signalinstrument leicht nachzuvollziehen.

Der Ethnologe Mantle Hood, einer der wenigen Wissenschaftler, die sich mit der Erforschung der kulturellen Hintergründe der Gongs befaßt haben, äußert sich in seinem Buch „The Evolution of the Javanese Gamelan", Book 1, über die Bronzekultur in Südostasien wie folgt:

„Diese verschiedenen Quellen, alte und moderne, dokumentieren den herausragenden Status, der den Bronzeobjekten aller Art, wie auch der Bronze selbst, in ganz Südostasien zugeschrieben wurde. Bronze war der privilegierte Besitz der Herrscher und Könige; war Träger von Assoziationen von Autorität, Macht und Magie; begleitete die Krieger in die Schlacht; und wurde mit der Kontinuität der Ahnen identifiziert. Unter den in Betracht gezogenen Bronzeobjekten - Utensilien, Ornamenten, Waffen, Trommeln - trägt die Trommel die Assoziationen vom höchsten Rang an Wert; religiöse und säkulare Funktionen und Symboliken, Identifikationen mit den Ahnen; den Status an Mobilität; Objekte von Prestige, Autorität und magischer Macht; Kriegsmusikinstrumente. In früheren Jahrhunderten war jede Art von bronzenen Gegenständen jenseits der Reichweite der einfachen Leute, in neuerer Zeit, bei den Lamet, hob der Erwerb zweier Bronzetrommeln den einfachen Mann in den Adelsstand."

In der Tat finden sich nicht nur in asiatischen Regionen Funde von bronzenen Kesseltrommeln, den sogenannten Kettle Drums, die von der Fachwelt einhellig als die Vorläufer aller in der Folge entstandenen Gongs angesehen werden. Speziell für die chinesische Welt werden auch gongähnliche, hängende Klangsteinplatten als Vorläufer vermutet. China kann jedoch nicht als Ursprungsland der Gongs angesehen werden, da in der gesamten altchinesischen Literatur keinerlei Darlegungen über Gongs existieren, wohl aber die Existenz von anderen Metallidiophonen wie Hand - und Hängeglocken, Zimbeln und Glöckchen belegt ist.

Die umfassendsten Quellenzusammenstellungen zu diesem Thema verdanken wir einem weiteren Ethnologen. In einer einmaligen Zusammenstellung sämtlicher überlieferten Dokumente, die Heinrich Simbriger 1939 unter dem Titel „Gong und Gongspiele" veröffentlichte, beziehen sich die ersten chinesischen Quellen, in die man eine Erwähnung des Gongs hineininterpretieren kann, auf das Jahr 345 n. Chr.

Ein Prinzenmönch aus dem damals blühenden kolonialistischen Reich Hinterindiens bereiste gemeinsam mit einem zwölf Mann starken Musikensemble, das eine gongähnliche Bronzetrommel namens „Tung Ku" mit sich trug, das alte China und führte so diesen Gong in die chinesische Historie ein, als „ein von den Fremden aus dem Süden gebrachtes Ding". Der in der Folgezeit aufblühende Buddhismus integrierte mit seinem ausgeprägten Sinne für kunsthandwerkliche Objekte dieses „Tung Ku" und entwickelte es zu neuen Formen.

Erstmalig tauchten sie offiziell in den höfischen Zeremonien zu Beginn der Tang-Dynastie (618-906) auf und verbreiteten sich in den kommenden Jahrhunderten über die Routen der berühmten Seidenstraße in ihrem gesamten Einflußbereich, sogar bis nach Japan. In dieser Zeit entwickelten sich einige neue Instrumentenformen wie der chinesische Flachgong Chau Lou mit seinen hoch spezialisierten Klangeigenschaften, der noch heutzutage von chinesischen Gongschmieden produziert wird und in Musikerkreisen sehr geschätzt ist.

Im Jahre 845 wurde der Buddhismus auf Grund seines ihm geneideten materiellen Überflusses in China wieder abgeschafft und fast alle Gongs wurden zu Münzen umgeschmolzen, aber der Gong hatte bereits Eingang in die chinesischen Zeremonialorchester gefunden und dort bis heute partiell überlebt.

Abb. 3: Dieses Steinrelief zeigt den Gong in seiner ursprünglichen Verwendungsart als Signalinstrument, mit dem bestimmte Tagesabläufe markiert wurden.

Außer China als einem vorübergehendem Entstehungszentrum sind vor allem noch der indonesische Kulturraum, in dem der Begriff „Gong" geprägt wurde, und Burma, Assam und Java als Hauptzentren der Gongkultur zu betrachten.

Die ursprünglichste Funktion von Gongs war wohl die der Signalübermittlung. Darüber hinaus entwickelte sich eine unübersehbare Verwendungsvielfalt innerhalb der lokalen Tanz-, Gesangs- und Gebetszeremonien im Zusammenhang mit den jeweiligen Vorfällen des alltäglichen Lebens. Durch ihre beeindruckende optische Präsenz waren sie häufig auch als Statussymbole sehr beliebt, man stelle sich nur das Bild eines chinesischen Würdenträgers vor, dem beim Einzug in die Stadt 957 Gong spielende Höflinge vorauseilen und eine nicht minder stattliche Zahl von 430 hinterdrein!

Unabhängig von ihrer jeweiligen Funktion waren Gongs auf Grund ihrer kostbaren Metallegierungen und der oft auch künstlerisch und klanglich beeindruckenden Ausstrahlung eine sehr begehrte und wertvolle Handelsware. Teilweise wurden sie als Währung oder Steuerzahlung akzeptiert und konnten sie sich so leicht im gesamten asiatischen Kulturraum ausbreiten. Die Portugiesen und Holländer schlossen sich diesem Interesse an, wobei die ersten Gongs, die im späten Mittelalter Europa erreichten um von nun an als Signalinstrument die Essenszeiten in bürgerlichen Haushalten anzukündigen, sehr minderwertige Arten eines japanischen Nachtwächtergongs namens Dora waren.

Asiatische Gongs sind entweder geschmiedet oder gegossen. Sie werden zuerst anhand ihres Profils klassifiziert und lassen sich dadurch einem bestimmten Herstellungszentrum zuordnen. Grundsätzlich unterscheidet man zwischen dünnwandigen Flachgongs mit oder ohne Schlagbuckel, dickwandigen mitteltiefen oder mittelflachen Buckelgongs und tiefrandigen Buckelgongs. Die angeführte Graphik gibt einen Überblick der typischen Gongprofile und ihren Herkunftsorten. In jedem Fall sind die Profile verantwortlich für die jeweiligen Klangarten der Gongs.

Die Materialfrage ist weniger eindeutig zu fixieren. Je nach lokalen Erzvorkommen, Intention und Reichtum der Auftraggeber aber auch Bewußtsein des Gongschmieds für Zusammenhänge zwischen Legierung und Klangverhalten sind alle denkbaren Zusammensetzungen möglich. Überwiegend handelt es sich jedoch um Bronze als wichtigste und ursprünglichste Komponente mit variablen Messing-, Eisen-, Kupfer-, Zink-, Zinn- oder auch Gold- und Silberanteilen. Die Kunst, aus verschiedenen Metallen in komplizierten Schmelzungen und langwierigen Arbeitsprozessen wohlklingende Objekte herauszuarbeiten, ist in jedem Falle Ausdruck einer weit entwickelten Kultur.

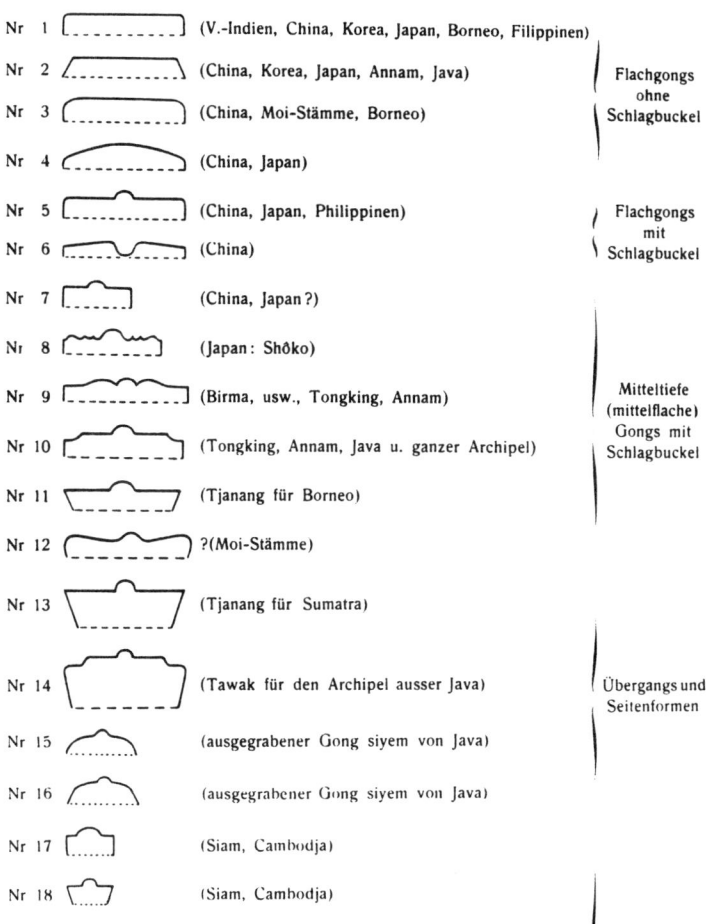

Nr 1	(V.-Indien, China, Korea, Japan, Borneo, Filippinen)	
Nr 2	(China, Korea, Japan, Annam, Java)	Flachgongs ohne Schlagbuckel
Nr 3	(China, Moi-Stämme, Borneo)	
Nr 4	(China, Japan)	
Nr 5	(China, Japan, Philippinen)	Flachgongs mit Schlagbuckel
Nr 6	(China)	
Nr 7	(China, Japan ?)	
Nr 8	(Japan: Shôko)	
Nr 9	(Birma, usw., Tongking, Annam)	Mitteltiefe (mittelflache) Gongs mit Schlagbuckel
Nr 10	(Tongking, Annam, Java u. ganzer Archipel)	
Nr 11	(Tjanang für Borneo)	
Nr 12	?(Moi-Stämme)	
Nr 13	(Tjanang für Sumatra)	
Nr 14	(Tawak für den Archipel ausser Java)	Übergangs und Seitenformen
Nr 15	(ausgegrabener Gong siyem von Java)	
Nr 16	(ausgegrabener Gong siyem von Java)	
Nr 17	(Siam, Cambodja)	
Nr 18	(Siam, Cambodja)	

Abb.4 : Typische Gongprofile

Überliefert ist auch der mysteriöse Nimbus der Schmiedekasten auf Java, einer anderen bedeutenden Gongproduktionsstätte, aus der die bekannten Gamelanorchester mit ihren vielen verschiedenen wohlklingenden Gongtypen stammen. Auch heutzutage kann man dort noch eine lebendige traditionelle Gongkultur erleben. Den ethnologischen Quellen zufolge hat sich jedoch die Anzahl der Erzeuger und Spieler in dem Maße reduziert, wie sich die abendländische Kultur mit ihren Konsumgütern dort ausgebreitet hat. Von rund 16000 Orchestern auf dem malaiischen Archipel, die das öffentliche Leben mit täglichen Aufführungen legendärer Mythologien, aber auch volkstümlicher Unterhaltung bereicherten, existierten zu Beginn des 20. Jahrhunderts nur noch 64!

Auf Java war man der Ansicht, daß das Schmieden eines Gongs nur mit Hilfe höherer Mächte gelingen kann und selbstverständlich gab es auch eine Vielzahl von niederen Geistern, die entweder das Gedeihen höherer Geister zu verhindern suchten oder danach trachteten, gar selbst in einen Gong einzufahren. Die Schmiede waren folglich nicht nur normale Handwerker, sondern auch in schamanistischen Praktiken bewandert und verstanden es, sich selbst vor Übergriffen aus der Geisterwelt zu schützen und dem Gong zu einer segensreichen Resonanzwirkung zu verhelfen.

Das Erschrecken und Vertreiben böser Geister durch laut dröhnendes und langanhaltendes Schlagen wird in den ethnologischen Berichten häufig erwähnt. Gongmusik als „Sammler der Seelen" und Geleiter ins Jenseits ist ebenso vielfältig bezeugt und läßt auf ein spirituelles Weltverständnis der damaligen Benutzer schließen.

Vergegenwärtigen wir uns dazu einen Auszug aus den Zaubergesängen der Balinesen überliefert durch den Forscher Hardeland.

„... rufen die Seelen unter den Gong...

Geleitet sind die Seelen...

wiederum zurück, geleitet die Seelen...zum Gong.

Durch die Lichter der Menge glänzen rötlich die Seelen der Getragenen,

welche bleiben im Haus der Luftgeister,

rötlich glänzen die Seelen der Gewiegten,

bleibend im Hause,

dicht am Rande des Gongs,

dicht am Rande des klingenden Gongs;

die Getragenen sind versammelt,

die Gewiegten sind vereinigt.

....es, schreitet der Neffe des Seelenführers und oberster Luftgeist

mit seinem goldenem Kopftuch.

Er faßt die Seelen der Getragenen,

bringt sie unter das Gong wieder zurück.

Abb. 5: Zeus in den schützenden Armen der Nymphe Amaltheia.

Aber auch in den mythologischen Ursprüngen des antiken Kulturkreises finden sich verblüffende Belege für die Existenz der zu Anfang des Kapitels erwähnten Bronzekessel, anerkannten Vorläufer des Gongs.

Der sich selbst als König der Götter wähnende Kronos hatte, um seiner Mutter, der Erdgöttin Gaia, einen Gefallen zu tun, seinen eigenen Vater, den Himmelsgott Uranos, entmannt, und um einem ähnlichen, ihm geweissagten Schicksal zu entgehen, verschlang er alle seine mit der Erdtochter Rhea gezeugten Kinder. Als einziger entging der letztgeborene Zeus dank einer List seiner Mutter Rhea diesem Schicksal, und während ihn sein grausamer Vater, der die Täuschung schnell durchschaute, überall suchte, um ihn natürlich als potentiellen Konkurrenten zu vernichten, verweilte Zeus auf Kreta in den schützenden Armen der Nymphe Amaltheia. Diese, so überliefern es die Quellen, beauftragte die Knaben des dort lebenden Volkes der Kouriten, durch emsiges Lärmen auf ihren großen Bronzeschildern eine Klangwolke zu erzeugen, damit Zeus nicht durch sein Kindesgeschrei von Kronos gehört und gefunden werden konnte. Zeus wuchs dank dem Schutz dieser Schwingungen heran und die Geschichte nahm ihren Lauf.

In der weiteren historischen Geschichtsschreibung ist von einem dem Zeus geweihten Heiligtum, dem Orakel von Dodona die Rede. In ihrem Mittelpunkt befand sich eine Eiche, die von einem Kreis gongähnlicher Bronzekessel umgeben war. Ständige Winde brachten diese Instrumente zum Klingen und schufen zusammen mit dem Rauschen der Blätter und dem Gurren der Tauben eine Atmosphäre der Allverbundenheit. Pilger suchten diese Stätte auf, um an diesem heiligen Ort Antworten auf ihre Fragen zu erhalten und um innerhalb des schützenden Klangfeldes den Kontakt zum Göttlichen herstellen zu können.

Abb.: 6 Die heilige Eiche mit Kesselgongs

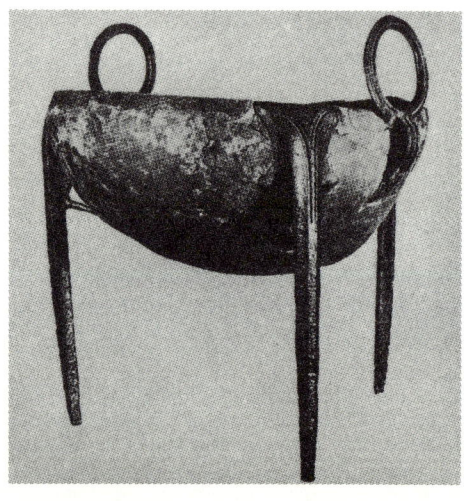

Abb. 7: Bronzekessel mit den Kesselgongs

3. Kapitel
Die Gongkultur der Gegenwart

Die ersten Gongs berührten die westliche Zivilisation bereits im 16. Jahrhundert, und erste Spuren seiner musikalischen Verwendung finden sich 1791 in einem Trauermarsch von Gossec und 1872 in einer Komposition bei Saint-Saens.

Als die eigentliche Geburtsstunde der westlichen Gongmusik ist jedoch das Jahr 1889 anzusehen, als in Paris im Rahmen der Weltausstellung im niederländischen Pavillon erstmalig javanische und annamitische Gamelan-Ensembles der europäischen Welt die Musik ihres Kulturkreises vorstellten.

Abb.8: Gamelaninstrumente. Foto Gabriele Warnke, mit freundlicher Genehmigung des Überseemuseums Bremen.

Dieser Impuls sollte den künstlerischen Zeitgeist in ungeahnter Weise beeinflussen und die musikalische Landschaft mit einem völlig neuen Musikstil bereichern, der erstaunlicher Weise schon bald seinen Status als fremdes, exotisches Kulturgut verlor und Teil des musikalische Selbstverständnis des 20. Jahrhunderts. wurde. Zum einem waren es Musikwissenschaftler und Komponisten wie der Niederländer Joop Kunst und der Kanadier Colin McPhee, die seit den 20iger Jahren als Wegbereiter für die traditionellen sowie auch neuen Kompositionen des Gamelan von sich reden machten und die Erhaltung der traditionellen Strukturen bis in die heutige Zeit ermöglichten. Das kontinuierliche Schaffen vieler zeitgenössischer Komponisten und die Existenz unzähliger Gamelanorchester in der ganzen Welt zeugen von einer außergewöhnlichen Lebendigkeit des Gamelans.

Abb. 9: Die Bremer Gamelangruppe „Arum Sih" (Liebesaroma), gegr. 1981, spielt im Bremer Überseemuseum traditionelle Musik aus Java.

In Deutschland existieren zur Zeit aktive Gruppen in München, Freiburg, Hannover, Bremen und Berlin. Den Erfahrungsberichten nach zu urteilen, sind es vor allem die andersartigen Klangerfahrungen, die den einzelnen motivieren, sich mit dem Spiel in einem Gamelan auseinanderzusetzen. Die Musik wird als elementar und nach innen gerichtet empfunden, eine für die Wirkung von ganzheitlicher Musik grundsätzliche Eigenschaft, die in der modernen, „ernsten" Musik durch ein Übermaß an Intellektualität weitestgehend verloren gegangen ist. Das Spielen in der Gruppe selbst bereitet den einzelnen Teilnehmern persönliche und soziale Erfahrungsmöglichkeiten, die unter dem in unserer Gesellschaft üblichen Druck der leistungs- und zielorientierten Erwartungshaltungen neue Perspektiven eines andersartigen Selbstverständnisses vermitteln können.

Ein weiterer bedeutsamer Aspekt dieser ersten Gongkonzerte in Paris war sein Einfluß auf die damaligen Komponisten. Vielfach wird beschrieben, daß vor allem der Impressionist unter den Musikern, Achille-Claude Debussy von den neuartigen Klängen so begeistert war, daß er in der Folge versuchte, diesen andersartigen Klangeindrücken auch in seiner Musik Ausdruck zu verschaffen. Erstmalig in der Geschichte der europäischen Musik entstand eine Musik, die nicht unmittelbar Bezug auf eine Darstellung des menschlichen Wesens nahm, sondern sich der Beschreibung der Natur und ihren Atmosphären widmete. Debussy wurde von den längst vergangenen Welten klassischer Mythen und Legenden sowie der Betrachtung von Landschaften und ihren Stimmungen inspiriert. Seine Naturmusik war zu jener Zeit einzigartig und aus esoterischer Sicht der entscheidende Impuls für eine neue, die Lebendigkeit der Natur erfassende und beschreibende Geisteshaltung. Entsprechend den Ansichten des Kulturphilosophen Jean Gebser, daß sich jeder neue geistige Impuls für die Evolution des kollektiven Weltbildes in parallelen, der neuen Idee analogen Ereignissen manifestiert, können wir zur Zeit der Jahrhundertwende ein aufblühendes Interesse an folkloristischen und spirituellen Zusammenhängen beobachten.

Der durch Claude Debussy eingeführte impressionistische Musikstil fand in Frankreich einen späten Höhepunkt in der Kompositionsschule der „musique concrete", die ausschließlich Naturklänge verwendete, um eine natürliche Resonanz zu verwirklichen. Auf dem amerikanischen Kontinent dagegen kam es zu einer regelrechten Blütezeit des impressionistischen Stils. In zahllosen amerikanischen Filmmusiken wurden höchst eindrucksvolle atmosphärische Stimmungsbilder zur Untermalung von Darstellungen heroischer Menschen in ihrem Kampf mit oder gegen die Unwegsamkeiten der wilden Natur erzeugt. Einen offensichtlicheren Bezug zum Gong finden wir im Vorspann der ersten Rank-Filme mit dem imposanten Bild des eingeölten, nur mit einem Löwenfell bekleidetem Nubiers, der beidhändig einen riesengroßen Schlegel auf einen gewaltigen Gong schlug.

Gongs waren inzwischen regulärer Bestandteil der orchestralen Perkussionsinstrumente und wurden von allen namhaften Komponisten der klassischen Musik gerne als dramatisierender Effekt eingesetzt. Seinen besonderen Einfluß hatte er jedoch auf diejenigen Musiker, die sich gezielt und bewußt mit den Klangstrukturen der Gongs auseinandersetzten und dabei neue musikalische Strukturen jenseits der bisher verwendeten Formalismen entdeckten.

Außer Claude Debussy war es sein Zeitgenosse Maurice Ravel, der zum Beispiel im grandiosen Finale des „Bolero", der ersten konsequent „mantrischen", d.h. auf gleichmäßiger Wiederholung aufbauenden Komposition in unserer modernen Musikwelt, dem Gong ein unvergleichliches Denkmal setzte. Andere Komponisten wie Olivier Messiaen, John Cage oder Pierre Boulez versuchten, den Klangkörper des Gamelan mit anderen Instrumenten nachzuvollziehen und entdeckten so neue Klangwelten.

Der weitere Verlauf des Jahrhunderts war gekennzeichnet von einer suchenden Aufbruchstimmung, und nicht nur in der Entwicklung der Musikgeschichte kam es zu einer Auflösung der Bezugspunkte, die den Traditionen ihre Lebensimpulse geben. In keiner früheren Zeit entstanden so viele neue stilistische Musikrichtungen und Betrachtungsweisen. Das Verlassen überlieferter Konventionen machte es überhaupt erst möglich, den Gong seinem eigentlichen Potential entsprechend in eine neue Musik einzubeziehen, die sich der Bedürfnislage der Menschen anpaßt, wie die Komposition „Mikrophonie I" von Karlheinz Stockhausen 1964 beispielhaft aufzeigt. In dieser für die Gonggeschichte so entscheidenden Komposition wird erstmalig die Klangform in ihrer räumlichen Dimension als strukturbestimmendes Element erfaßt.

Im Verlauf der weiteren musikalischen Entwicklung läßt sich eine Tendenz beobachten, die bis in die heutige Zeit hineinreicht: Das menschliche Bewußtsein entdeckt Klangformen im Zusammenhang mit der möglichen Qualität der sie umgebenden Klangräume und berücksichtigt ihre Resonanzprozesse mit den menschlichen Sinnen.

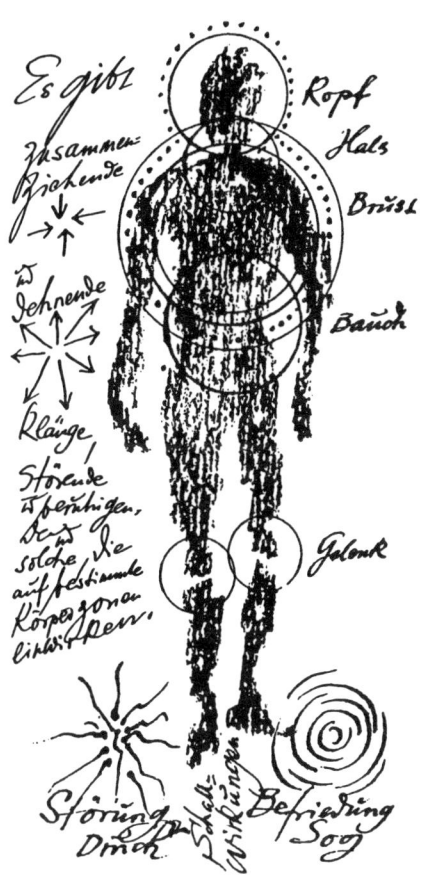

Abb. 10: Die Wirkung von Gongklängen;
Zeichnung von Hugo Kükelhaus

Als ein weiterer Pionier in diesem Zusammenhang ist unbedingt der 1984 verstorbene Hugo Kükelhaus zu nennen, der, aus einem völlig anderen Lebensbereich kommend, zu einem neuen Verständnis von Klangformen beitrug. Kükelhaus sah in der Abbildung kosmischer Maße durch die handwerkliche Kunst einen pädagogischen Prozeß für das kommende Bewußtsein. Seine „Erfahrungsfelder für die Sinne" vermitteln auch heute noch vielen Menschen einen Einstieg in die potentielle Sensibilität der natürlichen Wahrnehmung. Außer vielen anderen Medien war der Gong ein zentrales Objekt für seine Erlebniswelt.

Dieser Prozeß - nämlich das Verlassen des Gongklangs aus seinem eigentlichen Feld der Musik - fand eine weitere Fortsetzung in der Entdeckung des Gongs durch aufgeschlossene Therapeuten. Der Gong fand zunehmend Eingang in die Methoden der modernen Musiktherapie, wobei der Schwerpunkt mehr auf dem Entdecken der potentiellen Möglichkeiten lag als in der Anwendung traditioneller Vorgehensweisen. Zu Beginn der achtziger Jahre kam es zu einem regelrechtem Boom der Gongtherapie, und die Vielzahl der Veröffentlichungen und Arbeitsansätze spiegelten das Bemühen wider, den Gong mit seinen Möglichkeiten zu integrieren und zu nutzen. Untersuchungen an Universitäten und Musiktherapieschulen in der ganzen Welt lösten geradezu eine Lawine des allgemeinen Interesses aus, deren Schwung auch in der heutigen Zeit noch anhält. Im Bereich der klinisch therapeutischen Arbeit ist in Deutschland vor allem das Fritz Perls Institut zu nennen, das mit sachkundigen Veröffentlichungen und Darstellungen von Arbeitsmethoden für ein größeres Verständnis der Materie sorgt. Insbesondere sind auf die Aktivitäten des Psychologen und Bestsellerautors Jorgos Canakakis zu verweisen, der in seiner Gongarbeit eine Verbindung zwischen klinischer Psychologie und mythologischer Rückbesinnung verwirklicht.

Hand in Hand mit dem zunehmenden Interesse der therapeutischen Betrachtungs-weise des Phänomen Gongs entwickelte sich ein großes Bedürfnis an Gongmusik selbst, und Musiker wie Michael Jüllich aus Deutschland, Hans de Back aus den Niederlanden oder Don Conreaux und Terence Dolph aus Kalifornien fanden weltweite Anerkennung mit ihrer klangorientierten Musik. Immer mehr Psychotherapeuten setzen den Gong gerne in ihrer Praxis ein.

Inzwischen ist die Anzahl der reinen Gongmusiker ständig gewachsen. Es ist zur Selbstverständlichkeit geworden, daß Gongmusiker nicht nur ihre Kunst darbieten, sondern ebenso bewandert sind im bewußten Umgang mit den Wirkungen ihrer Musik auf das Publikum. Eine völlig neue Art des Veranstaltens und Erlebens von Musik, die zuweilen an rituelle und schamanistische Praktiken erinnert, ist auch in anderen natur-klangorientierten Musikformen der heutigen Zeit selbstverständlich und hat sich in Form von sogenannten Trance-Events zum Trend und etablierten Bestandteil der Jugendkultur entwickelt.

Diese Entwicklung wäre sicherlich nicht möglich gewesen, wenn die ursprünglich rein klangorientierten Interessen der Gongmusik nicht auch den instrumentalen Produk-tionsbereich durchdrungen hätten.

Das Oberhaupt einer ursprünglich aus der Türkei stammenden amerikanischen Firma für Schlagzeugbecken, Avedis Zildjian produzierte in Anlehnung an chinesische Gongs bereits Anfang der 50er Jahre eine Serie von Gongs, die jedoch auf Grund man-gelnden Interesses keine weitere Verwertung fanden, bis sich der „Grateful Dead"-Schlagzeuger Mickey Hart, der Ende der sechziger Jahre zu einem der bekanntesten Trommler der Weltgeschichte wurde, dieser Gongs annahm und sie auf seinen weltwei-ten Tourneen einem Millionenpublikum präsentierte. Die Zildjian-Gongs blieben jedoch legendäre Einzelstücke, und es war dem Engagement der in Deutschland ansässigen Gebrüder Paiste durch moderne Neuentwicklungen von Gongs zu verdanken, daß in den folgenden Jahren diese geheimnisvollen Instrumente nicht nur in Kreisen der Rockmusiker Verbreitung fanden.

Bei vielen weltberühmten Bands, insbesondere bei Pink Floyd, Cream, Queen, Procol Harum und anderen mehr, gehörte es zum guten Ton, daß der Drummer seinen Set vor einem großem Gong aufbaute. Gewöhnlich blieb der Einsatz der Gongs, ähnlich wie bei den herkömmlichen Symphonieorchestern, auf wenige, beeindruckende Effekteinsätze beschränkt. Aber es entstanden legendäre Aufnahmen wie zum Beispiel „Bang A Gong! Get It On" von T. Rex. Einen einzigartigen Höhepunkt stellte die französische Jazz-Rock-Band „Gong" um den Drummer Pierre Moulin dar, der in seinen sensationellen Konzerten auf großen Gongwandanlagen herumkletterte und dabei wirkliche Gongmusik spielte. Im Bereich des Jazz ist insbesondere auf das Art Ensemble Of Chicago, Peter Giger und Pierre Favre zu verweisen, bei deren Auftritten die Gongs ebenfalls nicht nur als imageförderndes Dekor zum Einsatz kommen.

Meistens stießen die Drummer während des Aussuchens ihrer Beckenteller in den Werkstätten der Beckenfirma zufällig auf die Gongs und sahen in ihnen nicht mehr als Instrumente für ungewöhnliche Effekte. Im großen und ganzen behielt der Gong in der Jazz- und Rockmusik seine mysteriöse Aura.

Den Gebrüdern Paiste, deren Familie sich seit drei Generationen der Herstellung von Gongs widmet, gelang die Verbindung der verschiedenen Interessenströmungen. In ihrer Fabrik, wo vor allem Becken bzw. Beckenteller gefertigt und weiterentwickelt werden, werden auch in einer speziell ausgerüsteten Gongwerkstatt mit handwerklichen Fertigungsprozessen verschiedenste Arten von Gongs von langjährig ausgebildeten Meistern gefertigt. Bis zum heutigen Tage wurden eine Vielzahl von verschiedenen Typen und Serien entwickelt, die den Gongbaumeistern zu einer weltweiten Bekanntheit verholfen haben. Der Gong, ehemals ein Symbol fernöstlicher Traditionen, wird heutzutage in seiner am weitesten entwickelten Form in einem kleinem schleswigholsteinischen Dorf nahe der Ostsee hergestellt und von dort aus in die ganze Welt geliefert!

Neben der Produktion von symphonischen Orchestergongs bis zu einem Durchmesser von 200 Zentimetern und mehrere Oktaven umfassende, exakt gestimmte

Gongspiele liegt ein Schwerpunkt in der Herstellung von sogenannten „Sound Creation Gongs". Diese Instrumente haben fest umrissene Klangcharaktere mit bewußt gestalteten Klangfarben, die nicht nur eine Vielzahl von Musikern wegen ihres weitreichenden klanglichen Ausdrucks begeistern, sondern auch Handwerkszeug vieler Musiktherapeuten geworden sind. Assoziativ zu verstehende Benennungen der einzelnen Gongs entwerfen Richtlinien einer potentiellen Klangwirkung, die dem Therapeuten beim Gestalten seiner therapeutischen Strategie behilflich sein können. Die bisherigen Erfahrungswerte rechtfertigen dieses Vorgehen und sind als ein sinnvoller Ansatz des bewußten Umgangs mit Klangwirkungen zu bewerten.

Die aktuellste Weiterentwicklung dieser Instrumente beruht auf einem zukunftsweisenden Konzept des Umgangs mit der Wirkung bestimmter Frequenzen und Klängen. In Zusammenarbeit mit dem „Klanghaus" und den Mitgliedern einer Forschungsgruppe unter dem Namen „Kosmische Oktave" entstanden unter der Leitung von Robert Paiste 1989 die „Planetengongs".

Basierend auf den Berechnungen des Schweizer Mathematikers Hans Cousto, der auf der Grundlage der Keplerschen Erkenntnisse den Zusammenhang zwischen den Planetenbewegungen unseres Sonnensystems und den daraus resultierenden exakt zu definierenden Frequenzen erkannt hat, wurden symphonische Gongs in ihren Grundtönen auf die einzelnen Himmelskörper gestimmt.

Die Schwingungen der Planeten bestimmen die Rhythmen und Zyklen allen biologischen Lebens auf der Erde, und nachdem diese einzelnen Frequenzen in Form von Klangkörpern zur Verfügung stehen, ergeben sich eine unübersehbare Fülle von Möglichkeiten, mit Hilfe dieser Klänge weiterführende Konzepte in Bezug auf musikalische oder therapeutische Gestaltungsmöglichkeiten zu realisieren.

Die Planetengongs wurden erstmalig in der Arbeit des Klanghaus eingesetzt und werden in der Zukunft sicherlich Gegenstand aufschlußreicher Forschungen sein.

4. Kapitel
Der energetische Klang
und die physiologische Psyche

Richten wir unsere Aufmerksamkeit für einen Moment auf die biophysikalischen Aspekte der Welt der Schwingungen und vergegenwärtigen wir uns zuvor die verschiedenen Begriffe:

Geräusch - Ton - Lärm - Klang - Stille.

Die Beschreibung eines akustischen Ereignisses konfrontiert uns mit einer Fülle von Zusammenhängen, deren Darstellungen in die Grenzbereiche des Faßbaren führen und die uns zugleich einen Einblick in die wundersamen Spielregeln des Lebens gewähren.

Der Sufimeister Hazrat Inayat Khan schrieb in seinem Buch „Musik":

„Die Weisen halten die Wissenschaft vom Klang für die wichtigste Wissenschaft, und zwar in jeder Beziehung: in Bezug auf das Heilen, das Lehren, das Entwickeln und Vollenden, in allen Bereichen des Lebens."

Das Wesen einer Schwingung erhält seine Prägung durch einen auslösenden Impuls, in unserem Fall von der angeschlagenen metallenen Membran des Gongs. Die Vibrationen der Instrumentenoberfläche berühren die anliegenden Moleküle und Atome der Luft und versetzen sie in eine Bewegung, die sich in alle Richtungen auf die wiederum nächsten Partikel überträgt und ausbreitet. Treffen diese kleinsten Körperchen auf einen Widerstand, wie zum Beispiel eine Wand, prallt der größte Anteil der beschleunigten Teilchen an diesem Hindernis ab und breitet seine Bewegung in eine andere Richtung weiter aus. Manche dieser elementarsten Teilchen übertragen ihre kinetische Kraft jedoch in die Struktur des festen Körpers, und entsprechend ihrer Ausgangsenergie bleiben sie entweder in diesem Hindernis stecken oder übertragen ihre Bewegungskraft auf andere, ähnlich bewegungsfähige Teilchen. Mitunter durchdringen einige wenige Impulse das feste Objekt und setzen auf der anderen Seite ihre Flugbahn fort.

Stellen wir uns kurz die tosende Fülle und das krachende Durcheinander von bewegten Teilchen in einer Großstadt vor und vergleichen wir es anschließend mit dem akustischen Bild eines uns lieben Platzes in der Natur.

Jedes einzelne der sich bewegenden Teilchen ist ein Aspekt in einem verwobenen Zusammenhang und die Qualität der gesamten Schwingung wird durch eine übergeordnete Struktur bestimmt.

Aus der experimentellen Physik kennt man das Phänomen der chladnischen Klangfigurationen. Eine mit Sand bestreute Platte wird durch einen Geigenbogen angestrichen und es kommt zur Bildung verschiedenster Gestaltungsformen, abhängig davon wie der Bogen geführt wird. Diese sehr anschaulichen Experimente sind im Laufe der Zeit perfektioniert worden und heutzutage kann der Zusammenhang zwischen Ton und Form auch in dreidimensionalen Bildern sichtbar gemacht werden.

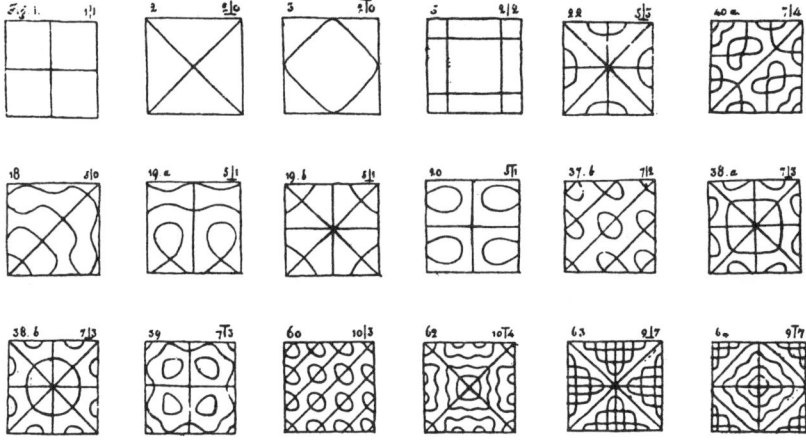

Abb. 11: Chladnische Klangfiguren an schwingenden Flächen

Beim Betrachten derartiger Bilder werden wir feststellen, daß Schwingungen filigrane, organisch anmutende, sich wandelnde Formgebilde sind und eine strukturierende Ordnung in ihrem Wirkungsbereich hinterlassen.

Alle biologischen Wesen haben artspezifische Sinnesorgane, mit deren Hilfe sie wichtige Signale entschlüsseln können, um stimmige Reaktionen im Einklang mit den Anforderungen ihrer Existenz zu veranlassen. Akustische Signale sind die komplexesten Informationsüberträger überhaupt und können auf Grund ihres unendlichen Formenreichtums jede Realität abbilden, wobei der besondere Wert in der Darstellung des sich wandelnden Bildes mitsamt des ihn umgebenden Raumes zu verstehen ist.

Wie anders läßt es sich erklären, daß bereits der minimalste Höreindruck ausreicht, uns ein komplexes Bild einer Atmosphäre zu vermitteln! Jeder Klang und jedes Geräusch weist eine ihm eigene Gestalt im unendlichen Raum auf. Die äußerst komplexe Gestalt mit all ihren Resonanzverbindungen erschafft ein umfassendes Abbild aller Faktoren der Gegenwart. Je mehr wir zuhören, um so besser verstehen wir! Nicht zufällig leitet sich das Wort Vernunft vom Verb „vernehmen" ab. Über das Hören können wir uns räumlich orientieren, Kommunikation gestalten und gefühlsbestimmte Wertigkeiten erkennen.

Die Beschäftigung mit der Anatomie des Hörens gehört insbesondere in Hinblick auf den Umgang mit Gongklängen zu der Grundausbildung eines jeden Gongtherapeuten oder Musikers. Ich möchte allen Interessierten die Ausführungen des Klangforschers und Musikpädagogen Ingo Steinbach nahelegen, der in seinem hochinteressanten Buch „Die Klangtherapie" umfassend über die Zusammenhänge zwischen Ohr, Gehirn, Mensch und Klang berichtet.

Insbesondere für ein besseres Verständnis abstrakter Begrifflichkeiten wie Energie oder Lebenskraft scheint uns das Medium Klang einen Zugang zu bieten. Klänge können Kraft geben und nehmen. Sie sind energetisierend oder paralysierend. Klänge können beim Zuhörer Gefühle und Empfindungen unterschiedlichster Art hervorrufen.

Um die komplexen Vorgänge im Zusammenhang mit Klängen und ihren möglichen Qualitäten besser zu begreifen, können wir das Ereignis eines Klangs in die folgenden Faktoren zergliedern:

Intention - Impuls - Quelle - Ton - Weg - Resonanz

Aus mystischer Sicht ist es die Kraft der Gedanken, die das Wesen eines Klangs und die von ihm ausgelösten Wirkungen bedingt. Die kreative Absicht gestaltet ein mentales, „morphogenetisches Feld"[1] , das sich durch den klangauslösenden Impuls aus dem Instrument heraus in die Form eines Klanges verwandeln kann. Die Töne erfüllen den Raum und vermögen molekulare Gruppierungen zu berühren und atomare Partikel in Resonanz zu versetzen.

Der Klang transportiert einen vom Musiker beabsichtigten Informationsgehalt, und die ihm eigene Lebendigkeit zeigt sich erst in seiner Wirkung. Auch geistige Formen können über das Medium Klang in die materielle Welt hineinwirken, wie die zahlreichen Mythologien der Völker unseres Planeten über den zentralen Stellenwert des Klangs bestätigen.

Untersuchungen mit psychosomatisch erkrankten Berufsmusikern haben ergeben, daß deren gesundheitliche Probleme auf ein zu leistungsbezogenes Üben ihrer Instrumente zurückzuführen waren. Allein der Ratschlag, sich beim Üben ein imaginäres Publikum vorzustellen und ihm zur Freude vorzuspielen, hatte eine Gesundung zur Folge. Viele Musiker erinnerten sich dabei ihrer ursprünglichen, im Streß des Berufsleben verlorengegangenen Motivation, mit ihrer Musik den Menschen Lebensfreude und Begeisterung vermitteln zu wollen. Diese und ähnliche Beobachtungen durch den australischen Arzt Dr. John Diamond haben die Begriffe „Lebensenergie stärkende Musik" und „Lebensenergie schwächende" Musik geprägt.[2]

Der Intention und der inneren Einstellung des Musikers zu seinem Spiel läßt sich eine bewußte oder eine unbewußte Natur zuschreiben. Sie bestimmt maßgeblich mit ihrer Absicht die Qualität eines Klangs und seinen Gehalt an Lebensenergie, der sich durch die Musik auf die Zuhörer überträgt. Die auf die Intention folgende Handlung löst einen aktiven Impuls aus, der in der Aktivierung eines Instruments seinen Höhepunkt findet. Je kultivierter und je erfahrener sich dieser Gestaltungsprozeß vollzieht, um so wahrscheinlicher ist ein harmonisches Zusammenspiel der einzelnen Faktoren. Prinzipiell kann jedes Instrument Übermittler einer Intention sein, die unterschiedlichen physikalischen Schwingungsvorgänge schaffen jedoch Vorzüge und Schwerpunkte der Schallqualitäten.

---

[1] siehe Rupert Sheldrake, Das schöpferische Universum, und weitere Bücher dieses Autors.
[2] siehe Dr. John Diamond, Lebensenergie in der Musik, VAK

Während bei allen anderen Instrumenten der Prozeß der Tonbildung auf ein Zusammenwirken zweier polarer Ursachen zurückzuführen ist - die Beziehung zwischen einer Schwingung und einem Resonanzraum läßt überhaupt erst den hörbaren Ton entstehen (bewegte Saite, resonierender Holzkasten; angeblasene Luftsäule, Metallröhre) - offenbart sich am klingenden Gong die Symbolik der Einheit in der Tatsache, daß die polaren Ursachen in einem einzigen schwingendem Gegenstand vereinigt sind.

Die potentielle Fähigkeit eines Gongs, sämtliche möglichen Frequenzen und Obertonspektren innerhalb eines Klangbildes entstehen zu lassen, macht ihn zu einem besonderen Medium, das in der Lage ist, jede erdenkliche Gedankenform aufzugreifen und in eine analoge klingende Gestalt zu formen. Dieser Klang findet seinen Weg durch den ihm zur Verfügung stehenden Raum und kann von jedem sensiblen System wahrgenommen werden.

Eines der feinsten Sinnesorgane, dessen komplexe Struktur die Erforscher des menschlichen Lebens mit vielen rätselhaften Vorgängen konfrontiert, ist unser Gehör. Schallwellen - oder vielleicht treffender Klangformen - schwingen durch den Raum und werden von individuell differenzierten Ohrmuscheln aufgefangen, verstärkt und in den Gehörgang reflektiert, um dort auf eine flexible Membran, das Trommelfell zu stoßen.

Viele psychologische Phänomene im Zusammenhang mit Klängen erscheinen sicherlich weniger rätselhaft, wenn wir uns die vielfältigen Verknüpfungspunkte von externen auditiven Schwingungen mit den neurologischen, physiologischen und psychologischen Gegebenheiten vergegenwärtigen. Die Schallwellen berühren zunächst die Reflexpunkte in der Ohrmuschel selbst, die auch in der Ohrakupressur benutzt werden, und stimulieren über die Meridiane viele Bereiche des Körpers. Danach treffen sie auf die Oberfläche des äußeren Gehörgangs und das Trommelfell und erreichen so die sensiblen Faserenden des vegetativen Nervensystems. Die psychosomatischen Symptome der meisten Organe werden durch Aktivitäten dieses dem Willen nicht unterliegenden Teil des Nervensystems ausgelöst. Dem Schall kommt somit durch seine Einwirkung auf eben jene vegetativen Berührungspunkte im Gehörgang und am Trommelfell eine bedeutsame Einflußmöglichkeit auf die vegetative Harmonie zu. Die optimale Vibrationsfähigkeit des Trommelfells ist Voraussetzung für eine sachlich richtige Übertragung der Klanginformation. Man bekommt eine Ahnung von der unfaßbaren Sensibilität des Trommelfells, wenn man sich vorstellt, daß diese Membran noch mit Amplituden in der Größenordnung eines Zehntel des Durchmessers eines Wasserstoffatoms schwingen kann

Das Trommelfell setzt die akustischen Ausgangsimpulse in analoge mechanische Bewegungen um. Durch das physikalische Zusammenwirken der drei Gehörknöchelchen werden die Schallimpulse ein weiteres Mal verstärkt und nach der Umwandlung aus dem gasförmigen Medium Luft über das feste Medium Knochensubstanz in ein flüssiges Medium transformiert.

Mit dem Eintritt in die Flüssigkeit des Innenohres werden diese analogen Klangformen den zwei Zentren der Informationsübertragung zugeführt, nämlich der Schnekke, dem eigentlichen Hörorgan, und dem Gleichgewichtsorgan, einer Kontrollinstanz für das Körpergefühl. Es handelt sich hier um den bedeutendsten kybernetischen Regelkreislauf überhaupt, organisiert er doch den Kampf des aufrechten Ganges gegen die Schwerkraft. Jede einzelne Muskelfaserzelle des Körpers ist über das Rückenmark mit dem Nerv des Gleichgewichtsorgans verbunden und wird von dort aus in seiner Spannung, Erschlaffung, Motorik und Haltung reguliert. Die Zentrale des Körpergefühls befindet sich im Ohr und erklärt den offensichtlichen Zusammenhang zwischen Musik und Bewegung.

Außerdem verteilen sich die Bewegungen in der lymphähnlichen Flüssigkeit des Innenohrs innerhalb eines schneckenförmigen Ganges. Feinste Härchen, wie Seetang in einem bewegtem Meer, registrieren auch die kleinste „Wasserbewegung" und setzen diese durch ihr eigenes Mitschwingen in elektrische Potentiale um. Auf diese Art und Weise wird das gesamte akustische Ereignis auf seine Anteile an hohen und tiefen Frequenzen analysiert und die mechanische Kraft, vorzugsweise der hohen Frequenzen, wird in elektrische Energie verwandelt. Diese elektrischen Potentiale werden über die Nervenbahnen der Hirnrinde als Arbeitsenergie zugeführt und schaffen dort die Voraussetzung für die vielfältigen Leistungen des Gehirns wie z.B. Denken, Erinnern und Konzentration.

Darüber hinaus finden wir in der Zentrale des Nervensystems endlich die bekannteste Funktion des Klanges, nämlich einen Höreindruck auszulösen. Ein fest umrissenes Hörzentrum innerhalb des Gehirns konnte bisher nicht lokalisiert werden, wohl aber Tausende stäbchenförmiger Zellhäufchen, die sich im gesamten Bereich der Hirnrinde beider Hemisphären verteilen. Man kann sich leicht eine unbegrenzte Vernetzung mit anderen im Gehirn stattfindenden Informationsverwertungen vorstellen, die aus verschiedensten Quellen stammen.

Ein zusätzlicher wichtiger Faktor besteht in der körperlichen Wahrnehmung von Klängen und der damit verbundenen Stimulation des zentralen Nervensystems sowie der Aktivierung von innerhalb des Körpers abgespeicherten Erinnerungen.

Vereinfacht dargestellt könnte man sagen, daß unter der Einwirkung der Klangformen nicht schwingende Systemeinheiten der Körperoberfläche oder im Körper in Vibration versetzt werden und mit ihrer Bewegung eine für die Klangarbeit so entscheidende Aktivierung vergessener Erinnerungen möglich machen.

Diese gespeicherten Informationen kommen aus unendlich umfangreichen Speichern, und es wird vermutet, das diese Speichereinheiten, die man sich wie in den unendlichen Raum hineingewundene Trichterchen auf der Elementarteilchenebene vorstellen kann, sämtliche Informationen der Individualgeschichte der betreffenden Person als auch der gesamten Entwicklungsgeschichte des Lebens überhaupt enthalten.

Diese Erinnerungen können über den gleichen Klangeindruck ausgelöst werden, der durch das Ohr das Gehirn aktiviert. Aus der Verknüpfung beider Impulse gestaltet sich unter Berücksichtigung aller dazu passenden Daten eine Reaktion.

Die Reaktionsmöglichkeiten sind ähnlich unendlich wie das Spektrum der Erinnerungen. Bemerkenswert ist jedoch die Tatsache, das die zentrale Schaltstelle in jedem Falle um eine angemessene Reaktion bemüht ist.

Zu den Entscheidungsträgern der in jedem Augenblick angemessene individuelle Reaktion gehören auch Bereiche, die nicht so greifbar sind, wie z.B. die Veränderungen der elektrischen Potentiale in der Großhirnrinde oder der Zustand der Hemisphärensynchronisation.

Die Frage nach den Berührungspunkten zwischen der elektrischen Aktivität des Gehirns und den maßgeblichen Individualfaktoren ist nur spekulativ zu beantworten. Naheliegend ist die Vermutung, daß hochwirksame Steuerungsimpulse von den verschiedenen Hormone produzierenden Organen ausgehen, die wiederum die individuelle Interessenlage und Konstitution widerspiegeln.

Wir gelangen mit unseren kurzgefaßten Ausführungen nun in Ebenen der pranischen Kräfte,[3] einem Fachgebiet, das sich der Betrachtung durch uns Menschen bisher weitestgehend entzogen hat. Zwar gibt es Traditionen, die auf diesem Sektor über

---

[3] Sanskr. Prana = wörtl. Atem, kosmische Energie, die den Körper durchdringt und erhält.

komplexe und kultivierte Kenntnisse verfügen und uns westlichen Menschen diese auch zugänglich machen, in unserem Kulturkreis jedoch gibt es noch keine wesentlichen Erkenntnisse über das Wesen der Feinstofflichkeit. Es bleibt der Entwicklung der nahen Zukunft überlassen, dieses Wissen aufzuarbeiten und zu erforschen.

Abb. 12: Wirbelstruktur im Wasser. Die Fließbewegungen und Formen entsprechen in ihrer Ausbreitung dem einer mehrfachen, akustischen, Wellenbewegung.

Aber kehren wir zu unserem ursprünglichen physikalischen Ereignis zurück. Alle kleinsten Teilchen und die aus ihnen zusammengesetzten Verbindungen schwingen in sich, miteinander, durcheinander oder auch gegeneinander und versetzen durch Berührung andere umliegende Teilchen in Bewegung; diesen Vorgang bezeichnet man als Resonanz.

Entsprechend ihrer materiellen Struktur, Funktion und Umgebung haben diese elementaren Bausteine eine eigene „Schwingung" und sind darüber hinaus in der Lage, mit ähnlichen Systemen zu resonieren. Auch eine Veränderung umliegender Faktoren wie z.B. das Wetter oder die durch eine Menschenansammlung bedingte Atmosphäre, können das Resonanzverhalten jeglicher Dinge leicht verändern.

Wir haben es mit einem unüberschaubaren Komplex von Wirkfaktoren zu tun, die schwer zu erfassen sind. Zugänglich ist uns jedoch das Endergebnis - die Summe der vibrierenden Teile, die, vereint in einem Zusammenklang, ein für uns wahrnehmbares auditives Signal erzeugen. Dieser sinnliche Eindruck durchläuft beim Zuhören individuelle Nervensysteme und konditionierte Wahrnehmungsraster, die es unmöglich machen, die ursprüngliche Quelle des ursprünglichen Ereignisses zu definieren oder nachzuempfinden. Um die eigentliche Qualität eines akustischen Ereignisses benennen zu können, benötigen wir erweiterte Kommunikationswege, die unsere herkömmliche Erlebnisfähigkeit des Wesens Klang überfordern.

Hören wir zum Abschluß auf ein zeitgenössisches Wort des in der Schweiz tätigen Therapeuten und Musiker Fritz Hegi, der mit seinem Buch „Improvisation und Musiktherapie" einen Meilenstein in der pädagogischen Literatur geschaffen hat: „Klang ist Gefühl! Sein Geheimnis ist sein Bündnis mit der Ganzheit, seine Abhängigkeit von allen Stimmungsfaktoren, von der Stimmung des Klangerzeugers über die Schwingung des Raums bis zur Konstellation der Gestirne im Kosmos."

5. Kapitel
Das praktische Gongspielen

Die Anschaffung eines Gongs und die sich anschließende Beschäftigung mit seinen Klängen ist geradezu eine Garantie für harmonische Veränderungen in Ihrem Leben.

Der erste Erwerb sollte auf einer Entscheidung aus dem Bauch heraus rühren, ohne sich mit Einwänden zu belasten wie: „Ich kann ja gar kein Instrument spielen"; „Bestimmt ist er zu laut für die Nachbarn"; „Womöglich ist er zu teuer."

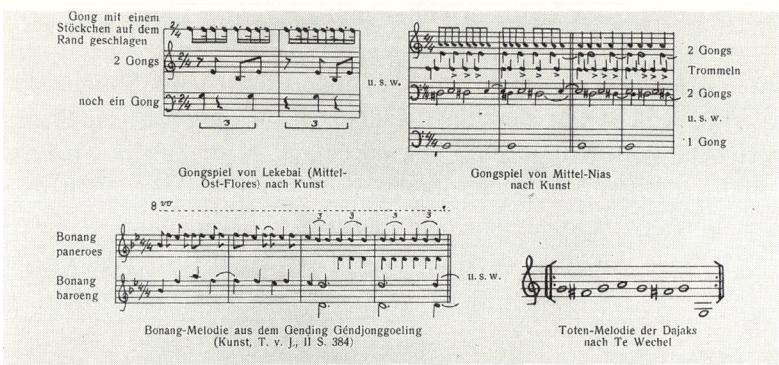

Abb. 13: Gongmelodien

Grundsätzlich ist der Gong ist ein Musikinstrument, auf dem auch ein musikalisch nicht ausgebildeter Mensch leicht und unmittelbar seiner Stimmungslage entsprechende perfekte Klangstrukturen erzeugen kann. Für den professionell spielenden Menschen, sei es in seiner Rolle als Therapeut oder Musiker, ist es jedoch ratsam, sich mit den möglichen Spieltechniken vertraut zu machen, um den Anforderungen der jeweiligen Situation gerecht werden zu können und um einen verantwortungsbewußten Umgang mit diesen kraftvollen Klangkörpern zu gewährleisten.

Wenn Sie eine tiefe innere Lust an aufregenden Klangabenteuern verspüren, können Sie sich einer stimmigen Resonanz gewiß sein und davon ausgehen, daß die Schwingungen ihres zukünftigen Gongs ihr Zuhause einrichten werden.

Zu Beginn Ihrer Freundschaft mit dem Gong ist es empfehlenswert zu beobachten, was für eine Erwartungshaltung sich in Ihnen entwickelt und an welchen Vorstellungen sich diese orientiert. Sofern Sie ein Liebhaber der schönen Klänge oder Objekte sind, genießen Sie einfach Ihr neues Sammlerstück, aber falls Sie beabsichtigen, den Gong in Bereichen der zwischenmenschlichen Kommunikation zu verwenden, erlangt die Frage nach der Motivation einen besonderen Stellenwert.

Aufschluß über die für sie innewohnende Bedeutung erhalten Sie spätestens bei der Suche nach einem geeignetem Platz für Ihren Gong. Ein Gong entfaltet seinen Klang entsprechend der Struktur des ihn umgebenden Raumes, und das erste Abenteuer besteht für gewöhnlich in der Entdeckung, daß der Gong an jedem Ort anders klingt. Für mich sind Plätze in der freien Natur die schönsten Klangorte. Die Klänge können sich frei entfalten, ohne durch Wände reflektiert zu werden, und es ist jedes Mal ein wunderbares Erlebnis, die unmittelbare Resonanz der belebten Natur zu erfahren. Gongklänge über Wasseroberflächen, ein Baum behangen mit Gongs oder einfach auf einer Wiese liegen und mit geschlossenen Augen den Reaktionen der Vögel und Grillen zu lauschen haben mir die erfülltesten Momente meines Lebens beschert.

Abb.14: Bonangs und Gongs im Freien

Nachdem Sie jetzt Ihren Gong durch sämtliche Räume getragen haben und der optimale Standort ermittelt worden ist -, Sie haben hoffentlich das Badezimmer nicht vergessen? - sind Sie gleichzeitig mit den ersten spieltechnischen Möglichkeiten in Berührung gekommen. Sie haben herausgefunden, daß der Gong, je nachdem ob er im Zentrum oder am Rand angeschlagen wird, andere Klänge hervorbringt; Sie wissen in etwa, wie stark Sie ihn anschlagen können, ohne Ihre Ohren zu erschrecken. Sie wissen, wo Sie Ihren Gong berühren müssen, damit Sie möglichst lange etwas vom Klang haben und vor allem haben Sie einen ersten Eindruck seiner Klangcharakteristik, den Sie jetzt empfinden und beschreiben können.

Klangbeschreibungen können ähnlich komplex sein wie Bildbeschreibungen und je nach Qualität der bildlichen Inhalte und der Aussagekraft der Betrachtungen lassen sich Bezüge zu grundsätzlichen Realitäten herleiten. Gongklänge sind, unter Berücksichtigung der Hypothesen über das formgestaltende Wesen von Klängen, die ich im dritten Kapitel angsprochen habe, akustische Bilder, die aus dem Nichts entstehen, in der Weite des Raumes verklingen und ähnlich einem Echo Resonanzeindrücke in jeglicher belebten Materie hinterlassen können.

Wie aus den Beschreibungen des dritten Kapitels hervorgeht, hat jeder Gong seinen persönlichen Sound und sein eigenes Thema. Es ist Ihre Aufgabe herauszufinden, wie sich dieses Thema für sie darstellt. Je mehr Sie dem Gong zuhören, um so mehr werden Sie aus ihm heraushören und seine Sprache verstehen.

Der Klangcharakter eines Gongs kann sich im Verlauf der Zeit verändern, je nachdem, wie und wo er gespielt worden ist. Ein guter Gongspieler kann auf Grund des Klangverhalten eines ihm fremden Gongs sehr persönliche Aufschlüsse über den Besitzer und Spieler erhalten!

Je länger wir den Gongklängen hinterher lauschen, um so subtiler wird die Wahrnehmung des Klangereignisses. Wir entdecken, daß die innere Vorbereitung auf den zu setzenden Schlag genauso entscheidend ist, wie der Moment der Berührung des Gongs durch den Schlegel. Für den Bruchteil eines Augenblicks zentriert sich unser gesamtes Sein in dieser kleinen Handlung und prägt den Verlauf eines Klangbildes. Ebenso hat die umgebende Atmosphäre einen Einfluß auf die Klanggestaltung und Wahrnehmung der entstehenden Töne. Je mehr Aufmerksamkeit wir auf die Vielzahl der beeinflussenden Faktoren richten, um so stimmiger gestaltet sich unser „Setting"[4] und unser Spiel.

Nach einer Zeit des Experimentierens sollten wir in der Lage sein, mit einem gezieltem Anschlag an der richtigen Stelle den potentiellen Klang des Gongs zu spielen. Es handelt sich hier um die grundlegendste Technik des Gongspielens überhaupt, näm-

---

[4] Engl./Amerik. *setting* = Rahmen, Atmosphäre, Umgebung, Einstellung

lich die Persönlichkeit des Gongs zum Schwingen zu bringen. Jeder Gong hat eine festumrissene, ihm innewohnende Klangform, die im Zentrum seiner charakteristischen Qualität steht. Bevor wir einen Klang in seiner Differenziertheit ausgestalten, ist es wichtig, diesen ihm innewohnenden Klang präsentieren zu können. Dazu benötigen wir in jedem Falle einem der Größe des Gongs entsprechenden idealen Schlegel. Als engagierter Gongspieler verfügt man in der Regel schon nach kurzer Zeit über ein reichhaltiges Sortiment an Schlegeln und wird durch seine Erfahrungen eine Vorstellung der optimalen Anschlagpunkte entwickelt haben.

5.1 Die Einstimmung

In einigen Gongschulungen ist die Begegnung mit dem Gong das zentrale Thema des Gongspielens. Die Besonderheit des Gongs liegt in seiner Eigenschaft, wie ein transzendierender Spiegel durch einen von uns hervorgebrachten Klang unser Selbst reflektieren zu können. Vielfältige Erfahrungen haben wiederholt gezeigt, daß das „Auf den Gong zugehen und mit ihm umgehen" unsere alltäglichen Gewohnheiten des Verhaltens in ihren tiefsten Ursachen und Zusammenhängen in das Licht des betrachtenden Bewußtseins führen kann.

Meiner Meinung nach ist jeder Gong dann am besten eingesetzt, wenn er seinem Charakter entsprechend in Schwingungen versetzt wird und sich mit der für ihn typischen Qualität mitteilen kann.

Übung 1: Einstimmung

Wir stehen oder sitzen vor dem Gong, neben uns liegt in greifbarer Nähe der Schlegel. Wir finden den Rhythmus unseres Körpers und geben ihm durch kleinste Pendelbewegungen Ausdruck, bis sich ein Gefühl der Ruhe einstellt.

Wir empfinden uns sicher mit dem Atem verbunden und spüren, wie unsere Aura sich im Raum ausbreitet.

Wir nehmen den Schlegel in die Hand und spüren sein Gewicht. In unserer Vorstellung führen wir die Anschlagbewegung aus und visualisieren dazu das Bild eines Wassertropfens, der auf eine spiegelglatte Wasseroberfläche fällt und eine Anzahl kreisrunder Wellenbewegungen auslöst, die sich in alle Richtungen ausbreiten.

Wir lassen dieses Bild langsam verklingen und sehen wieder die ruhige, unbewegte Wasseroberfläche.

Wir verharren in der Stille, bis sich der Impuls eines weiteren herabfallenden Wassertropfens bemerkbar macht. Wir synchronisieren das Bild des herabfallenden Tropfens mit der Bewegung des Schlegels und während der Tropfen auf der Wasseroberfläche aufschlägt und erneut die Wellenbewegungen entstehen läßt, berührt der Schlegel den Gong und mit den sich ausbreitenden Wellen des Wassers entsteht vor uns ein Klangraum. Wir fühlen in diesen Raum hinein und beobachten die Resonanz unserer Wahrnehmung.

Der Schlegel liegt nach der Berührung des Gongs in einer bequemen Haltung in unserer Hand. Wir verfolgen den auslaufenden Klang und lassen uns von ihm in die Stille führen. Wir dehnen den Aufenthalt in der Stille aus, so lange wie es uns möglich ist und beobachten das neu entstandene Gefühl für die Verbindung des äußeren mit dem inneren Raum.

Wir atmen einige Male tief durch, spüren unseren Körper und versenken uns in unserem Gefühl der Mitte und folgen dem nächsten Impuls.

Um einen reellen Eindruck des Klangfeldes Ihres Gong zu erhalten, empfehle ich die folgende Spielübung.

5.2 Die konstante Schwebung

Übung 2: Die konstante Schwebung

Der Schlegel in der rechten Hand aktiviert mit vielen kleinen regelmäßigen Schlägen den äußeren Rand des vor uns hängenden Gongs gegen vier Uhr (wenn wir uns den Gong als das Zifferblatt einer Uhr vorstellen). Innerhalb des schwebenden Gesamtklanges sollte sich kein einzelner Anschlag hervortun. Die Intensität ist konstant und wir halten den Ton spielerisch. Die linke Handfläche bewegt sich auf den Gong zu, ohne ihn jedoch zu berühren. Wir bewegen die linke Hand in einem kurzen Abstand zum Gong und empfinden die Vibration in unserer Handfläche. Während die Hand langsam an der Oberfläche entlang wandert, erfühlen wir verschiedene Schallintensitäten. Nach einer Zeit der Gewöhnung empfinden wir Orte des Schalldrucks sowie Stellen mit einer Sogwirkung. Wir visualisieren eine Landkarte des Schallbildes: als Druck empfundene Schallwellen sehen wir als Berge an, Sogwirkungen entsprechen den Tälern und wir erkennen die zusammenhängende Form des Klanges.

Wir untersuchen die Klangform und seine landschaftsbildenden Facetten in einer anderen Aktivierungsstärke und mit einem anderem Schlegel; wir beobachten andere Menschen bei der gleichen Erfahrung und vergleichen die Schallbilder.

Dann erweitern wir die Erfahrung mit dem Spielen des schwebenden Klanges, indem wir Dynamikverläufe leise ausklingen lassen.

5.3 Schwebung gegen Null

Übung 3: Schwebung gegen Null

Wir gestalten einen ruhigen Klang und nehmen seine Form in unsere Aufmerksamkeit. Unmerklich lassen wir durch Herabsetzen der Anschlagsintensität den Klang leiser werden, wir versuchen diesen Prozeß über einen langen Zeitraum zu gestalten, ohne den Charakter einer sich gleichmäßig wandelnden Schwebung zu verlieren. Wir spielen in die Stille hinein.

Wir befassen uns mit der sich aus Übung 2. ergebenden Polarität, wir spielen den Klang kontinuierlich lauter.

5.4 Schwebung gegen unendlich

Übung 4: Schwebung gegen unendlich

Wir suchen den Baßbereich des Klanges auf, und indem wir die Anschlagpunkte von Mal zu Mal geringfügig variieren, (wenn wir mehrere Anschläge auf die gleich Stelle setzen, wird der bereits aufgebaute Klang leicht zerstört!) intensivieren wir die Anschlagstärke unmerklich. Das Klangbild ist um so gelungener, je gleichmäßiger sich der Klang entfaltet und die ständig neu entstehenden Obertonchöre von einem hörbarem Baßfundament getragen werden. Wenn wir den Eindruck haben, den äußersten Punkt unseres lauten Klanges erreicht zu haben, bauen wir den Klang wieder ab in einem Zeitmaß, das in etwa dem des Aufbaus entspricht. Wir nehmen uns die Zeit, dem Klang nachzuspüren.

Wir wiederholen die Spielübungen 3. und 4., jedoch mit zwei Schlegeln. Es empfiehlt sich, den Schlegel der linken Hand eine Nummer kleiner als die dem Gong entsprechende Malletgröße (Schlegelgröße) zu wählen, um ein differenzierteres Spiel im Obertonbereich zu ermöglichen. Je länger Sie sich mit diesem Instrument befassen, um so besser werden Sie die Klangverläufe steuern können. Aber lassen Sie sich und den Klängen Zeit und seien Sie sich darüber bewußt, daß der Nachklang auch noch lange

46

nach dem hörbaren Verklingen in Ihnen arbeitet. Spielen Sie nur eine Übung pro Tag aber suchen Sie Gelegenheiten, anderen Menschen Ihre Tonkünste vorzuführen und mit ihnen über ihre Erlebnisse zu sprechen.

In solchen Situationen komponieren Sie aus den bereits praktizierten Übungen eine übergreifende Klangstruktur. Gongspielen heißt nicht nur, das Instrument bedienen zu können, sondern auch, sich in einer Atmosphäre aufhalten zu können, in der sich psychische Ausstrahlungen ansammeln. Dieser Erfahrungsprozeß läßt sich nur mit einer disziplinierten Struktur bewältigen, es sei denn, Sie sind bereits auf Grund Ihrer vorhergegangenen Tätigkeiten auf dem Gebiet der interaktiven Intuition bewandert. Aus Gründen der Orientierung ist es in jedem Fall zu empfehlen, sich in eine Struktur einzuordnen, insbesondere wenn wir für andere Menschen spielen. Die in Kapitel 7 beschriebenen Meditationen können Ihnen beim Finden einer sinnvollen Methode behilflich sein, und das genaue Nachempfinden der hier beschriebenen Spielweisen wird Sie in die Lage versetzen, diese Strukturen korrekt darstellen zu können.

Das Hervorbringen des dem Instrument innewohnenden Eigentons und das physiologische Spielen eines Klanges ist die Voraussetzung für die komplexeren Spielarten mit zwei oder mehreren Gongs.

Sollten Sie sich für eine Erweiterung Ihres Gesamtklangkörpers interessieren, ist es ratsam, einen neuen Gong zu finden, der sich in seinem Schwingungsverhalten gegensätzlich zu Ihrem ersten Instrument verhält.

Sind Sie an einer professionellen Perspektive interessiert, sollten Sie sich unbedingt Gedanken über die Anforderungen und Möglichkeiten Ihres zukünftigen Handwerkzeugs machen. Ich persönlich kann tendenziell nur die sogenannten europäischen Gongs aus der Gongwerkstatt der Gebrüder Paiste für den therapeutischen Gebrauch empfehlen. Asiatische Gongs haben zwar mitunter sehr reizvolle Klangbilder und sind hervorragend geeignet, das Bedürfnis nach interessanten und faszinierenden Klangwelten zu befriedigen. Insbesondere rein musisch interessierte Menschen finden in der Welt der asiatischen Gongs eine reichhaltige Auswahl an beeindruckenden Instrumenten mit den unterschiedlichsten Klangfarben. Meiner Meinung nach sprechen jedoch mehrere Faktoren gegen einen überwiegenden Gebrauch dieser fernöstlichen Kulturobjekte innerhalb therapeutischer Anwendungen.

Alte traditionelle Gongs sind in der Regel innerhalb eines spezifischen Gebrauchskontextes verwendet worden und übertragen ihre Konditionierungen in das Klangerlebnis des Zuhörers. Ein Gong, der innerhalb einer Dämonenbeschwörungszeremonie benutzt worden ist, wird tatsächlich bei der Mehrzahl der Zuhörer, selbst wenn diese nichts von dem ursprünglichen Zusammenhang wissen, überwiegend dämonische Impressionen auslösen.

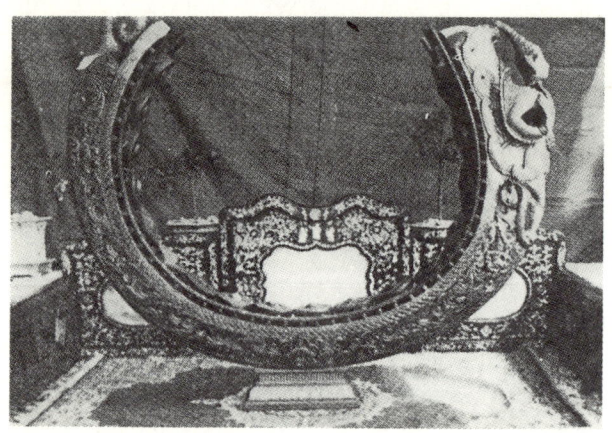

Abb. 15: Höfisches Zeremonialgongspiel aus Siam

Die meisten asiatischen Gongs standen in einem definierten und überlieferten kulturellem Zusammenhang, der für uns Europäer nicht ohne weiteres nachzuvollziehen ist. Wollen wir, aus welchen Gründen auch immer, dem Gong ein Podium in unserem Alltag einräumen, sind wir sicherlich angehalten, eine eigene, an unsere Lebensform anknüpfende Identität und Umgangsform der Gongmusik zu entwickeln.

Ich finde es eine faszinierende Begebenheit, daß eine uralte asiatische Tradition ihre Bühne in eine völlig andere kulturelle Sphäre verlegt hat und diese für die Menschen so viele Möglichkeiten anbietende Tonkunst hier in Europa nicht nur bewahrt sondern sogar weiterentwickelt wird.

Die Gongs aus der Gongschmiede der Familie Paiste bieten ein komplettes Spektrum an allen nur vorstellbaren Klangqualitäten. Durch meisterlich ausgeführte handwerkliche Arbeitsprozesse haben sie ein gleichbleibendes Qualitätsniveau. Das ist wichtig, denn Erfahrungen, die mit bestimmten Instrumenten gemacht werden, sind dadurch wiederholbar und vermittelbar, eine grundsätzlichen Voraussetzung für eine Akzeptanz durch den in uns wohnenden wissenschaftlich betrachtenden Geist.

Kein chinesischer Chau Luo, der bei einigen Therapeuten als Alternative zu dem symphonischen Gong angesehen wird, klingt wie der andere. Jeder produziert seine individuelle Klangform und entfaltet eine andere Wirkung. Natürlich ist es möglich, daß genau dieser Klang in den Händen eines bestimmten Menschen eine wohltuende Wirkung entfaltet, aber seine absolute Einzigartigkeit führt selten zu übertragbaren Erfahrungen.

Als Grundlage eines Gongsets, der in jede Richtung erweiterbar ist, aber auch für sich alleine alle anfallenden Aufgaben lösen kann, ist die Zusammenstellung eines „Symphonic Gongs" (SG) mit dem „Sound Creation Gong Nr.3" (SCG) in ähnlichen Größen. Jeder dieser Gongs vermittelt eine grundlegende Energiefließrichtung und ist hervorragend geeignet, die in diesem Text aufgestellten Behauptungen und Erfahrungen nachzuvollziehen. Gemeinsam bilden sie eine Einheit aus zwei entgegengesetzten Polen. Der symphonische Gong produziert eine expansive Klangform mit einer universalen Klangstruktur, sein Klangspektrum enthält jede denkbare Kombination von Obertönen und Klangmischungen. Er läßt Eindrücke des Himmels, der Weite des Kosmos oder des Vater/Mannaspektes assoziieren, seine Fließrichtung ist „aus dem Körper hinaus tragend" und er verhält sich analog zum Ausatmen.

Die Polarität zum „Vater Himmel" wird in der „Mutter Erde" (SCG Nr.3) gesehen, ihr Klangeindruck wird von den meisten Beobachtern als beschützend, umhüllend, zentrierend, geheimnisvoll und gütig beschrieben. Ihr Klang animiert zum Einatmen und bewirkt eine Beruhigung.

Nur auf Grund dieser Andeutungen ahnen wir bereits die unendlichen Möglichkeiten, die sich aus dem spielerischen Darstellen des Aus - und Einatmens, der Begegnung des Himmels mit der Erde, des Ineinanderfließens von Yin und Yang oder des Dialogs zwischen dem männlichen und weiblichen Prinzip ergeben.

5.5 Die mantrische Pulsation

Sobald wir mit dem fortgeschrittenem Zusammenspiel mehrerer Gongs beginnen, ist es von großer Bedeutung, sich über die Notwendigkeit einer physiologischen Spielweise im klaren zu sein. Wir erinnern uns an John Diamond und seinen Ausführungen über energiestarkes und energieschwächendes Musizieren! Die einfachste Möglichkeit, ein harmonisches Spielen zu garantieren, besteht darin, das Spiel mit den eigenen Atembewegungen und in der Folge mit dem eigenem Herzschlag zu synchronisieren. Natürlich setzt ein solches Vorgehen voraus, daß wir diese uns innewohnenden Rhythmen wahrnehmen und darauf reagieren können, aber eben im Erlernen dieser Fähigkeit liegt ja die großartige Möglichkeit des Umgangs mit Gongmusik.

Das Zentrum unseres Interesses sollte nicht so sehr das ambitionierte virtuose Spiel auf den Instrumenten sein, sondern das „Einstimmen" auf energetisierende Klangstrukturen. Dieser Effekt wird durch permanentes Wiederholen ein- und derselben „Formel" erzielt, ich nenne diese Art der Gestaltung „mantrische Pulsation". Im Grunde handelt es sich weniger um ein Erlernen, sondern um ein Erleben der Möglichkeiten, auf ganzheitliche Art und Weise mit den Schwingungen des Universums verbunden zu sein. Die Konsequenzen einer solchen kosmischen Verbundenheit sind für das Individuum und seine Fähigkeiten vorher nicht einzuschätzen.

Übung 5: Die mantrische Pulsation

Wir nehmen eine bequeme Position vor den beiden Gongs ein; dabei ist es ratsam, flexible Aufhängungs - und Positionierungsmöglichkeiten für unsere Gongs zu haben!

Wir suchen die Ruhe und finden uns in einem frei fließendem Atemzyklus wieder. Erst wenn wir uns sicher und bereit fühlen, setzen wir auf den höchsten Punkt der Atemanhaltephase zwischen Ein- und Ausatmen einen wohl plazierten und dosierten Schlag auf den Himmelsgong. Wir lassen es ausatmen und beobachten, inwieweit der Klang unsere Ausatembewegung tragen kann. Nachdem unser Ausatmen den äußersten Punkt erreicht hat, markieren wir diesen Umkehrpunkt mit einem Ton auf den Erdegong und lassen den neuen Klang unsere Einatembewegung stützen.

Sobald wir merken, daß uns unsere mangelnde Konzentration in eine Betrachtung anderer Dinge befördert hat, nehmen wir dieses unverkrampft zur Kenntnis und beginnen neu mit der Synchronisation unseres Spielens mit den Tönen und dem Atem.

Voraussetzung für die Durchführung dieser Spielübung ist das Beherrschen kontrollierter Anschläge auf zwei verschiedene Gongs. Alternativ zu dem von mir vorgeschlagenem Kombinationsvorschlag des SG mit dem SCG Nr.3 ist natürlich jede andere Gruppierung von als polar empfundenen Gongs sinnvoll, wie zum Beispiel SCG Nr.5 (Frieden) mit SCG Nr.7 (Krieg) oder eine Gegenüberstellung der Planetengongs „Venus" und „Mars".

5.6 Gong Mandalas

Entsprechend der persönlichen Affinitäten und Visionen spiegeln die Erweiterungen des Gongsets unsere Präferenzen und schaffen uns weiterführende Ansätze, die das gleichzeitige Spielen auf mehreren Gongs möglich machen. Anders als in der herkömmlichen Musik, in der es darauf ankommt Töne, Melodien und Harmonien richtig zu spielen, gibt es in der Gongmusik keine falschen oder richtigen Töne, sondern nur authentische Spiegelungen des Moments. Natürlich gibt es ein gewisses Maß an technischen Voraussetzungen, die aber im Vergleich zum Klavier- oder Gitarrenspiel wirklich nicht der Rede wert sind. Die größere Herausforderung besteht in der Bedingung, im Moment des Spielens präsent und wachen Geistes zu sein, um möglichst physiologische und zusammenhängende Klangfelder in Resonanz mit den uns umgebenden Atmosphären zu kreieren.

Ineinander verwobene Klänge mehrerer Gongs nenne ich „Gong Mandalas", diese Definition kann auch die Ergänzung durch andere Instrumente beinhalten.

Ein Mandala ist ein symbolisches Bild eines bestimmten kosmologischen Zusammenhangs, das durch kontemplatives Betrachten ein Verständnis und eine Übertragung des dargestellten Inhalts ermöglichen kann. Die Instrumente, die innerhalb eines „Gong Mandalas" in Verbindung mit unserer kreativen Absicht benutzt werden, formulieren das Thema und seine Anforderungen an die Spielweise. Die Musik selbst sollte nicht einer linearen, sondern, wie es dem Bild eines Mandalas entspricht, einer zyklischen Struktur folgen.

Übung 6: Gong Mandalas

Empfinden Sie Ihr Zentrum - die Erdverbundenheit - und den Atemstrom und nehmen Sie wahr, wie die Gleichzeitigkeit all dieser Realitäten ein Bedürfnis nach Aktivität in Ihnen auslöst.

Visualisieren Sie das Thema Ihres Mandalas und finden Sie den Einstiegsimpuls. Aus einer bequemen Spielposition heraus verwirklichen Sie intuitiv das Entstehen Ihres Klanggemäldes! Lassen Sie Ihren Gedanken und Gefühlen freien Lauf, alle im Verlauf des Mandalas sich einstellenden Bilder und Emotionen sind in einem Zusammenhang mit dem ursprünglich gewählten Thema zu sehen. Versuchen Sie sich jedoch von Erwartungshaltungen, Fixierungen oder Bewertungen frei zu halten! Vertrauen Sie Ihrer Intuition und folgen Sie der Inspiration.

Mein Lieblingsmandala hat den Titel „Die vier Säulen des Universums" und besteht aus einem gleichförmig pulsierendem Gesamtklang des Sonnen-, Merkur-, Erde-, und Plutogongs. Die Sonne ist Zentrum unseres planetarischen Systems und symbolisiert mit ihrem Licht Ursprung und Quelle des Lebens, der Merkur, als schlauer Götterbote überbringt die göttlichen Botschaften hin zur Erde und der Pluto repräsentiert die äußerste Region unseres Lebensraums in diesem Sonnensystem. Diese Mandala spiele ich gerne zu Beginn von Konzerten, um sozusagen die Bildfläche zu verankern, auf der in der Folge des Konzertes die verschiedensten Klangmalereien entstehen werden.

Innerhalb des Geschehens ist darauf zu achten, daß kein Klangelement den Gesamtklang dominiert. Bemerken wir jedoch die wiederkehrende Tendenz, daß ein bestimmter Klang sich immer wieder durch ausbrechende Obertöne verselbständigt, ist entweder unsere Spielweise nicht angepaßt, oder wir haben es mit einer markanten Resonanzsituation zu tun. Derartige Betrachtungen sind in der Regel sehr spekulativ, aber es ist auf jeden Fall ein Bestandteil der auf Sie zukommenden Erfahrungen, mit unmittelbaren Resonanzreaktionen konfrontiert zu werden. Nehmen Sie es gelassen und konzentrieren Sie sich im Zweifelsfall auf die Atmung und Ihre Erdung. Nutzen Sie jede Gelegenheit, mit anderen Menschen über ihre Erfahrungen zu kommunizieren und verschaffen Sie sich „Feedback" über die von Ihnen gestalteten Klangstrukturen!

5.7 Der Gongtanz

Die Begegnung mit diesen Kräften versetzt uns in eine transpersonale Beziehung zur Umwelt und fordert unsere Kreativität heraus. Die Umsetzung der Klänge in körperliche Bewegungen ist eine naheliegende Möglichkeit, den Energien Form und Gestalt zu geben. Spontan und improvisiert entstehende Bewegungsabläufe ermöglichen einen Aufenthalt in der Gegenwart, bei dem die an uns herangetragenen Impulse unmittelbar verarbeitet werden können, anstatt sich mit anderen unausgelebten Bedürfnissen in unserem Unbewußten zu vermengen.

Der Gongtanz ist ein aus einer akuten Empfindung heraus gestalteter Bewegungsablauf, der sich synchron zu den gespielten Klängen verhält, ohne sie zu interpretieren. Er steht im Gegensatz zur ruhigen körperlichen Haltung in der Einstimmungsübung, die durch eine Versenkung in der Stille gekennzeichnet ist.

Für die Spieler unterscheiden wir den Gongtanz um den Gong herum und den Tanz mit dem Gong in der Hand. Bewegungen zu den Klängen entsprechen keinen vorgeschriebenen Bewegungsmustern und können nicht eingeübt werden; es kann jedoch das „Loslassen" und „Zulassen" ge-

Abb. 16: Traditioneller Gongtanz

übt werden. Je mehr wir den Schwingungen erlauben, uns zu berühren, um so transparenter wird unser Körpergefüge, und es ist nur eine Frage der Zeit, bis sich die Resonanzreaktion durch den Körperausdruck verwirklicht (siehe Kapitel 7.6).

Gongmusik ist dank seiner sofort zu spürenden Körperresonanz hervorragend geeignet, körperliche Übungen zu begleiten. Insbesondere bieten sich jene Bewegungsrichtungen an, die sich mit der ganzheitlichen Aktivierung von Lebensenergie befassen wie z.B. „Qigong" oder „Tai Chi". Ebenso bieten die verschiedenen Yogaschulen eine Fülle von bewußtseinserweiternden Übungen an, in denen die Körperarbeit durch gezielte Klangmuster unterstützt werden kann.

Je mehr Sie bereit sind, sich auf Erfahrungen innerhalb dieses an Möglichkeiten so reichen Arbeitsgebietes einzulassen, desto wertvoller werden Ihre klangtheoretischen Erkenntnisse und spielerischen Fähigkeiten.

5.8 Gongsingen

Ein weiteres kreatives Ausdrucksmittel, das sich häufig spontan in Begegnungen mit Gongmusik einstellt, ist das Gongsingen.

Mitunter erscheint uns der Klang eines Gongs so übermächtig, das wir das Gefühl haben, von seiner Wucht und Gewalt hinweggespült zu werden. Die laute und kraftvoll ertönende Stimme vermag uns in solchen Situationen zu einem neuen Selbstwertgefühl zu verhelfen und gibt uns die Stärke, diesem Ansturm zu begegnen und ihn überstehen zu können.

In anderen Situationen kommt es mitunter zu einem kräftigen Mitsingen als Ausdruck der Freude und des nicht mehr an sich halten können vor lauter Begeisterung!

Die Erfahrung des eigenen Tons und der körperlichen Resonanzräume wird vielfach als einer der bedeutsamsten Schlüssel für das holistische Bewußtsein beschrieben und die Erfahrung hat bestätigt, daß das Singen und Tönen ein zentraler Ansatz für das Empfinden-, Kommunizieren- und Auslebenkönnen der ureigensten Kraft darstellt.

Der Weg der Stimme (man bezeichnet sie oft als Spiegel der Seele) erscheint mir als der direkteste Weg überhaupt, um in den Kontakt mit der verborgenen Essenz aller Geheimnisse zu gelangen. Es erscheint mir aber mitunter fragwürdig, ob im Gegensatz zu dieser so einfachen und unaufwendigen Lösung der von mir betriebene riesenhafte Aufwand eines ganzen Gongorchesters noch in einem sinnvollem Verhältnis steht. Sobald jedoch die Arbeit des Transports, der Aufbau und die sonstigen Vorbereitungen geleistet sind und kurze Zeit später Heerscharen von himmlischen Chören ihre tosenden Gesänge durcheinanderwirbeln lassen, fühle ich mich gewöhnlich wieder einverstanden mit meiner Rolle und meinem Schicksal als Gongspieler. Gerne erinnere mich an einen Zeitraum meines Lebens, in dem ich mit einer amerikanischen Opernsängerin viele Konzerte und Selbsterfahrungsgruppen veranstaltet habe.

Thema all dieser Seminare war die „Befreiung des kreativen Potentials durch Klang und Stimme" und in einem gewissen Sinne beinhalteten die zwei Jahre, die wir miteinander verbracht haben, meine lehrreichsten Erfahrungen überhaupt. Die Arbeit an der Stimmbildung mit Unterstützung durch Gongschwingungen ist ein sehr ergiebiges Arbeitsgebiet, das die gesamte Aufmerksamkeit eines Menschen in Anspruch nehmen kann. Zusammenfassend läßt sich jedoch sagen, daß Gongklänge eine Brücke bilden können in tiefe Schichten des unbewußten Selbst, die keinen Ausdruck finden in unser tagtäglichen Kreation. Die richtigen Vibrationen verschaffen einen Zugang zu nicht ausdrückbaren Bildern oder Gefühlen, die bislang nicht im Einklang mit der Persönlichkeit erlebt wurden, und wenn die Stimme, geführt durch einen Gongklang auf einen derartigen Bereich stößt und ihn stimmlich darstellen kann, kommt es zu einem integrierenden Erlebnis.

Abb. 17: „Ascentia" und Jens 1989 bei einem Open-Air-Konzert bei Innsbruck

Mitunter entstehen solche Prozesse spontan, in der Regel benötigt die Verbindung von Stimme und Gong einen längeren strukturierten Zeitrahmen und ist für Menschen mit einem eigenem Gong leichter zu realisieren als innerhalb einer Selbsterfahrungsgruppe.

Das Arbeiten mit den Resonanzräumen des Körpers erfordert eine jahrelange Übungszeit. Gegenstand der meisten „Trainings" ist die Technik, ein Bewußtsein für die verschiedenen Qualitäten der Vokalresonanzen „A - E - I - O - U" zu entwickeln und in der Lage zu sein, diese Schwingungen an und in einem beliebigen Teil des Körpers entstehen zu lassen. Mitunter werden den Vokalen bestimmte Körperregionen zugeordnet, aber unabhängig von solchen Erfahrungen erkennt jede einzelne Zelle unseres Körpers dieses archetypische Schwingungsalphabet und läßt sich in seinem speziellem Funktionszusammenhang nicht ausschließlich nur von dieser oder jener Vokalresonanz stimulieren. Jede Situation erfordert eine neue Anpassung unserer Sinne und es ist sicherlich nicht verkehrt, das ganze mögliche Reaktionsspektrum zur Verfügung zu haben.

Zu Beginn einer solchen Übungsreihe empfiehlt es sich, ohne Unterstützung eines Gongs zu arbeiten. Wir visualisieren die Vokale nacheinander unter unseren Fußsohlen und indem wir sie mal laut mal leise singen, entwickeln wir ein Gefühl für die Eigenart der unterschiedlichen Vokale. Indem wir diese Imagination systematisch durch unseren Körper schicken, entsteht in uns ein lebendiger Eindruck der lokalen Schwingungsunterschiede und vor allem die Fähigkeit, unseren Geist konzentriert zu benutzen.. Es ist ratsam, derartig komplexe Untersuchungen zu dokumentieren und die gemachten Erfahrungen mit anderen Menschen zu teilen.

Jeder Gong hat einen zu lokalisierenden Resonanzpunkt in uns.Intensivieren wir nun die Empfindung dieses Berührungspunktes durch ein Summen, das wir in diese Stelle leiten.

Übung 7: Gongsingen

Dazu halten wir den Gongton in einer konstanten Schwebung und beginnen mit einem leisesten Summton, der sich in dem Maße vergrößert, wie wir eine Übereinstimmung zwischen ihm und der Gongresonanz empfinden. Die Stimme ist abhängig von der jeweiligen Atemphase und kann ihre Präsenz verändern . Hat sich ein stabiler Einklang entwickelt, lassen wir den Gongklang vorsichtig anschwellen und folgen mit der Stimme.

Wir probieren kleinste und größte Abweichungen vom Grundton aus, um uns letztendlich wieder mit dem Resonanzraum zu vereinen.

Wir beachten die Qualität der Gongschwingung und fühlen die eigene persönliche Resonanz und ihre analogen Bilder.

5.9 Konditionierte Klänge

Wir gelangen jetzt zu einem der größten Geheimnisse der Gongspielkunst überhaupt! Unabhängig von der jeweiligen Wirkungsweise eines Gongs haben wir die Möglichkeit, mit Hilfe unserer kreativen Absicht eine von uns gewünschte Wirkung zu erzielen.

Wenn wir davon ausgehen, daß Gedanken formbildende Kräfte sind und Gongklänge Energien, die sich im gleichen Raum begegnen können, kann es zu einer Verbindung der Gedanken mit den Klängen kommen, wobei die Gedanken die Energien der Klänge in eine dem Gedankeninhalt entsprechende Form verwandeln. Die Hörer dieser Klänge empfangen außer den hörbaren Frequenzen geistige Abbildungen des vorausgeschickten Gedankens und nehmen sie über das Unbewußte in sich auf.

Für den Fall, daß wir uns während der Gestaltung der Klänge in einem absichtslosen Zustand aufhalten, prägen entweder unsere eigenen unbewußten Inhalte die Formen der Klänge oder aber die umgebenden Atmosphären und Stimmungen finden Eingang in die Wirkung unserer Klänge.

Die sich daraus ergebenden Konsequenzen sind zum einen absolut großartig und auf der anderen Seite denkbar fatal, aber unabhängig von dieser Bewertung verdeutlichen sie, daß ein ernsthafter und respektvoller Umgang mit diesen mächtigen Klangkräften angebracht ist!

Dieses in meinen Augen wichtigste Thema überhaupt wird im Zusammenhang mit den der Meditationsübung Nr. 5 des 7. Kapitels „Die Kreativität der Sinne in Meditation und Selbsterfahrung" näher erläutert.

Um uns selbst vor nicht geplanten Folgen durch die Einflußnahme unbewußter Gedankenmuster zu schützen, empfehle ich grundsätzlich vor jedem Spiel, egal ob es sich um eine Demonstration, eine Übungsstunde oder ein Konzert handelt, die Gedanken auf das geplante Tun zu konzentrieren und eine Klarheit über die Beweggründe unserer Absicht herzustellen. Selbst eine fiktive Absicht ist auf der Ebene der Gedankenenergien real und läßt Wirklichkeiten entstehen. Ich schlage daher vor, jeden Klang mit einer harmonisierenden und heilenden Intention zu versehen, wobei es unserer Kreativität überlassen bleibt, worauf wir unsere Absicht richten.

Wenn wir derartige gehaltvolle Schwingungen in die Welt setzen, bleibt eine persönliche Betroffenheit nicht aus und wir stehen vor der Herausforderung, die gemachten Erfahrungen verarbeiten und integrieren zu müssen.

Die Auseinandersetzung mit der transformierenden Kraft der Klänge kann einen mächtigen Einfluß auf die Entwicklung unserer Persönlichkeitsstruktur haben. Diese Übungs- und Lernprozesse verlaufen in unterschiedlichen Phasen, die sich auf verschiedenen Zeitebenen verteilen können.

Nach dem freien und spontanen Experimentieren kommt es zu einer Übungsphase, die handwerkliche Grundkenntnisse entwickelt. Sofern eines der geübten Themen keine tiefe Resonanz in uns auszulösen vermag, sind wir angehalten, die Gründe für diese potentielle Konfliktsituation zu erforschen. Die Übungsphase verwandelt sich in eine Selbsterfahrungssituation mit therapeutischer Perspektive, deren Verlauf von Ihrer Bereitschaft und dem Mut, Veränderungen zuzulassen, beeinflußt und getragen wird. Der Zeitraum, den eine solche Entwicklung beansprucht, ist nicht vorauszusehen. Wenn Sie sich aber an die empfohlenen Richtlinien halten und den Prozeß des Kennenlernens in aller Ruhe geschehen lassen, werden die sich wandelnden Begebenheiten des Lebens organisch und kontinuierlich entsprechend der von ihnen zum Klingen gebrachten Resonanzfelder umformen und Ihr persönliches Schwingungsfeld erweitern.

5.10 Gonginstrumente

Gongs gehören in die Gruppe der Idiophone (= Selbstklinger), genaugenommen in die Untergruppe der metallenen Aufschlagsidiophone. In der Literatur sowie im Sprachgebrauch taucht mitunter das Wort „Tamtam" als Bezeichnung für eine bestimmte Art von Gong auf, der außer rauschenden und sich brechenden Obertönen keinen definierbaren Grundton erzeugen kann. Im Gegensatz dazu werden die Gongs des Gamelans angeführt, deren Klangverhalten, bedingt durch eine herausgearbeitete Kuppel, überwiegend tiefe, dominierende Baßtöne umgeben von einem relativ unveränderlichen Kranz von Obertönen erzeugen.

Ursprünglich beschrieb das Wort „Tamtam" eine afrikanische Felltrommel und wurde in der Folge wiederholt in den Reiseberichten kolonialistischer Abenteurer als generelle Bezeichnung für afrikanische Musik verwendet. Wie es zu der Übernahme dieses Wortes als alternative Bezeichnung für Gongs kam, läßt sich nicht nachvollziehen. Sicher ist, daß seit dem Bekanntwerden dieser Instrumente beide Bezeichnungen geläufig waren. Insbesondere durch die Veränderungen der Gongherstellungskunst in der heutigen Zeit haben sich jedoch neue Unterfamilien gebildet; deshalb erscheint mir die Aufrechterhaltung dieser vermeintlichen Unterscheidung als wenig sinnvoll

Handelt es sich um ein traditionelles asiatisches Instrument, ergibt sich die treffende Bezeichnung meistens aus seinem lokalem Namen.

Der „Chau Luo" ist ein chinesischer Gong, der wohl zu den bekanntesten Arten überhaupt zählt. Jahrhundertelange Erfahrungen mit seinem Herstellungsprozeß sind auch heute noch in chinesischen Handwerksbetrieben lebendig. Auf die Eigenarten dieses speziellen Instrumentes möchte ich an anderer Stelle eingehen. In jedem Falle bieten die chinesischen Gongs eine beeindruckende Fülle lebhafter und individueller Klänge an. Alle beschriebenen Spieltechniken können auf ihm angewandt werden. Besonders interessant ist der in der Regel günstige Einkaufspreis. Der „Chau Luo" ist ein geeigneter Anfängergong.

Berühmt ist der koreanische Schamanengong „Tsching", der mit seinem deutlich ab- und aufsteigendem Grundton eine klangliche Besonderheit darstellt. Dieses Phänomen ist auf das schüsselförmige Profil des Instruments zurückzuführen und findet sich auch bei manchen chinesischen Operngongs.

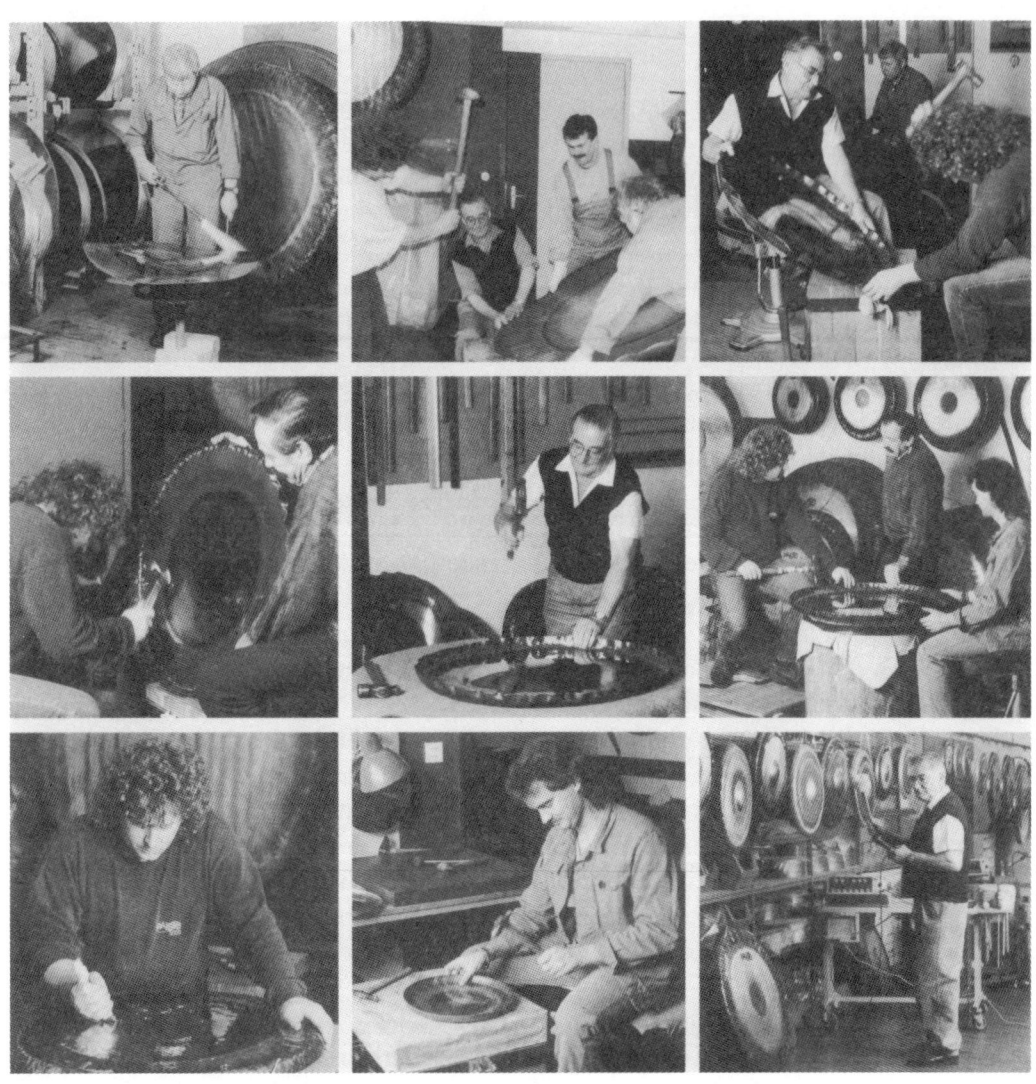

Abb. 18: Die Gongschmiede der Firma Paiste beim Fertigen der Instrumente

Das Wort „Gong" bezeichnete ursprünglich einen bestimmten Gong aus dem Instrumentarium des indonesischen Gamelans. Innerhalb dieser Orchester finden sich verschiedene, in ihrer Aufgabe fest umrissene Typen mit überlieferten Namen wie „Gong ageng, Gong kempul, Gong suwukan oder Gong ketuk.

In Europa entwickelten sich Gongproduktionen in der Türkei, in Italien und in Deutschland. In diesen Ländern entstanden verschiedenste Weiterentwicklungen, die allen an dieser Materie interessierten Menschen eine reichhaltige Auswahl bescheren. Insbesondere hat die bereits erwähnte Firma Paiste inzwischen durch ihre kontinuierliche Entwicklungsarbeit im Gongbau eine herausragende Stellung in aller Welt eingenommen. Während die asiatischen Gongs mit der europäischen Musik aufgrund ihrer eigenen Stimmungssysteme nicht in Einklang zu bringen waren, entstanden in den 60er Jahren die vier Oktaven umfassende, chromatisch gestimmten Kuppelgongs, und es ergab sich erstmalig die Möglichkeit, westliche Musik mit Gongklängen zu begleiten.

In der Folge wurden völlig neue Gongprofile und Klangverhalten entwickelt, die sich in erster Linie an der Vorstellungskraft und Kreativität der Handwerker orientieren. Diese Klänge wurden in der späteren Zeit von vielen Menschen gehört und beschrieben und bestimmten die Bezeichnungen der einzelnen Gongs, die heute in Form der „Sound Creation"-Serie das Handwerkszeug vieler Therapeuten und Musiker darstellen. Die einzelnen Namen wie „Feuer, Wasser, Harmonie, Mond, Sonne, Erde" usw. bezeichnen eine assoziative Typenbeschreibung, die ihren Ursprung in der Zusammenfassung verschiedenster Erlebnisberichte mit den einzelnen Gongs haben.

Die bereits erwähnten Planetengongs dagegen haben ihre Namen auf Grund der eingestimmten Grundtöne, die in analoger Resonanz mit den Umlaufbahnen der Planeten unseres Sonnensystems schwingen. Die ersten wissenschaftlichen Untersuchungen sprechen dafür, daß es sich bei dieser Entwicklung um einen wegbereitenden Schritt in Richtung eines neuen Verständnisses physiologischer Naturschwingungen handelt.

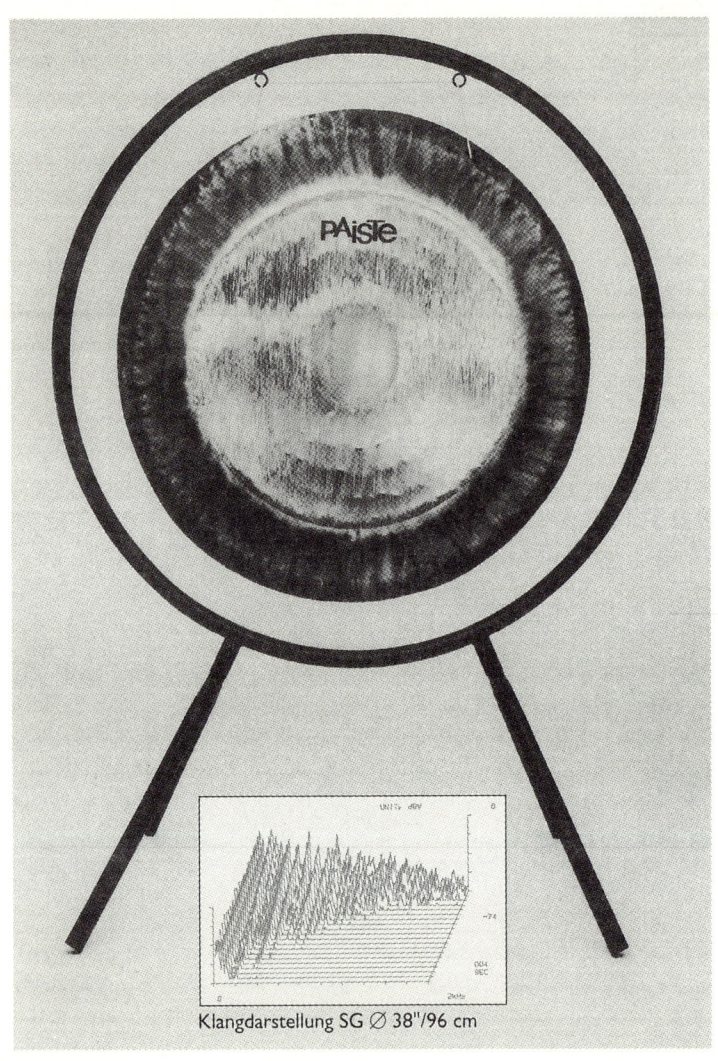

Klangdarstellung SG ⌀ 38"/96 cm

Abb.19: Der Paiste „Symphonic Gong" wird in Symphonie-Orchestern eingesetzt.

6. Kapitel
Strategien der Gongtherapie

Gongs sind in vielerlei Hinsicht ein hochinteressantes Studienobjekt und dementsprechend haben sich in den letzten zwanzig Jahren eine Fülle von Untersuchungen und daraus resultierende Arbeitsansätze entwickelt, die zum Teil sehr unterschiedliche Vorgehensweisen anregen.

Die Universalität von Gongs ist nicht nur eine schöne Metapher, wie sich an der Verwendungsfähigkeit dieses Mediums zeigt. Es gibt kaum einen Bereich innerhalb des großen Spektrums der Selbsterfahrungsdisziplinen oder therapeutischen Stilrichtungen, in denen die Verwendung von Gongs ausgeschlossen wäre. Diese ungeheure Vielfältigkeit mag den einen oder anderen interessierten Menschen abschrecken, ich möchte Sie dagegen ausdrücklich ermutigen, Ihren eigenen Talenten und Fähigkeiten bereits in der Kennenlernphase zu vertrauen. Wenn Sie sich der phantastischen Welt der Gongs mit der erforderlichen Ernsthaftigkeit nähern, können Sie beruhigt davon ausgehen, daß die Kraft der Klänge gemäß ihrer vielzitierten Ganzheitlichkeit auch Ihre persönliche Vorgehensweise tragen und unterstützen werden. Inwieweit der Gong eine Rolle in Ihrem Leben spielt, ist letztendlich eine Frage Ihrer eigenen Kreativität sowie der Erfahrungen, die Sie bereit sind einzugehen,

Therapie ist immer dort nötig, wo Krankheit gelebt und Heilung gesucht wird. Dabei ist es die Aufgabe eines Therapeuten, dem Patienten auf diesem Wegabschnitt des Lebens hilfreich zur Seite zu stehen und sich mit dem Leiden des Patienten auseinanderzusetzen. Auf der Grundlage seiner Ausbildung und Erfahrung entwickelt der Therapeut, dem hippokratischen Eid der Fürsorgepflicht für das Leben folgend, Strategien und Applikationen, die eine Genesung des Kranken einleiten und seine Gesundung wieder herstellen sollen. Der Weg der Heilung bezieht ab einem gewissen Punkt die Mitarbeit des Patienten ein, der im Sinne der Eigenverantwortlichkeit seine Möglichkeiten erkennen muß, selber schöpferisch auf sein biologisches Leben einwirken zu können.

Entsprechend den Erkenntnissen der alten chinesischen Medizin gehen einer manifestierten Krankheit lange Zeiten mit schlechten Gewohnheiten voraus. Ein guter Arzt sorgt sich daher mehr um die präventiven Maßnahmen seiner Klienten und zeigt ihnen, wie sie durch bestimmte Körper - und Konzentrationsübungen ihre Gesundheit erhalten können.

In unserem Kulturkreis hat sich in den letzten Jahren unter dem Eindruck der vielen Versäumnisse im Gesundheitswesen und den daraus resultierenden Komplikationen eine Veränderung im öffentlichen (leider nicht im staatlichen!) Gesundheitsbewußtsein bemerkbar gemacht. Ein Effekt dieser Entwicklung ist das große Interesse an naturheilkundlichen und ganzheitlichen Zusammenhängen, was die Teilnehmerzahlen an den verschiedensten Therapiekursen und Seminaren beweisen. Sicherlich läßt sich mitunter eine Oberflächlichkeit und Ungenauigkeit im Umgang mit kulturfremden Weltbildern beobachten, aber grundsätzlich haben wir es mit einer Zeitepoche der Veränderung zu tun. Wir sollten dieser Aufbruchstimmung in allen seinen Facetten mit freundlichem Mut oder wohlwollender Heiterkeit begegnen und unsere eigenen Beiträge nicht mit Angst vor dem Neuen, sondern vielmehr mit kreativer Phantasie gestalten.

Gongtherapie ist ein außerordentliches Medium hinsichtlich den Anforderungen einer ganzheitlich orientierten Präventivmedizin. Ganzheitlich bedeutet, daß der einzelne Mensch innerhalb eines Gesamtzusammenhangs lebt, in dem jeder einzelne Aspekt mit jedem beliebigen anderem Aspekt in eine Beziehung treten kann. Daraus ergeben sich wiederum Einflüsse auf die umliegenden Strukturen, die ihrerseits wieder auf den einzelnen Aspekt zurückwirken. Ist jetzt ein Bestandteil dieses komplexen Miteinanders in Unordnung oder krank, übertragen sich diese Informationen auf die anderen Funktionseinheiten und es erfolgt ein negatives Feedback, das sich im gesamten System ausbreitet. Ebenso können gestörte Abläufe krankhafte Veränderungen in vordergründig unbeteiligten Systemen auslösen.

Mit Hilfe der verschiedenen Gongklangqualitäten ist es nun möglich, die unser Leben prägenden grundsätzlichen Kräfte klangenergetisch darzustellen. Indem wir unsere Reaktionen erfahren, erhalten wir zum einem Aufschluß über den Status Quo unserer Resonanzanbindungen und haben darüber hinaus die Möglichkeit, durch die typischen Fähigkeiten des Gongs eventuelle Blockaden, Verspannungen oder Unklarheiten aufzulösen oder auszubalancieren.

Ein erfahrener Therapeut wird während des Verlaufs einer Klanganwendung durch die Wahl der Instrumente, den Spielweisen und den Gesprächsrunden einen sinnvollen Zusammenhang der verschiedenen Themenbereiche gestalten können. Gewöhnlich bringen die Besucher einer Gongerfahrung ihr eigenes „unbewußtes" Thema mit, das gerne erlöst werden möchte, und je offener eine Begegnung von Anfang an gestaltet wird, um so spontaner können Resonanzverbindungen entstehen. Bereits die Erfahrung, von akustischen Schwingungen durchdrungen und bewegt zu werden, kann fundamentale Erlebnisse auslösen, die vom Teilnehmer als aufschlußreich und bereichernd empfunden werden.

Abb. 20: Siam Gong

Wer die zeitgenössische Gongliteratur studiert, wird häufig auf Warnungen vor den unberechenbaren Gefahren dieser psychoaktiven Klänge stoßen. Die meisten Ausführungen richten sich gegen unbewußte Vorgehensweisen in Bezug auf Spieltechnik und Indikation der Klanganwendungen. Es wird vor einer Überflutung des Patienten mit unstrukturierten, intensiven Gefühlen gewarnt, die ihn noch orientierungsloser werden lassen und dem Heilungsprozeß entgegenwirken.

Es ist daher angebracht, sich selbst durch ein größtmögliches Maß an Vorbildung und Vorbereitung auf den Umgang mit Gongs in therapeutischen Situationen einzustimmen. Eine übergreifende Struktur, wie sie im Kapitel 7 beschrieben wird, kann einen sinnvollen Gesamtzusammenhang herstellen, in dem die grundsätzlichen Resonanzanbindungen realisiert werden und der Klient/Patient auf eine subtile Art und Weise in das Schwingungsgefüge des Gesamtsystems eingebettet wird.

In den von mir veranstalteten Selbsterfahrungsgruppen, die unter dem Motto „Klang und Transformation" stehen, bestimmen ein Nebeneinander von Basisübungen und der Einzelarbeit in Form von „Heilkreisen" den Ablauf. Die sich aus den Besprechungen ergebende Themen bestimmen das Ausmaß der erklärenden Ausführungen.

In den Basisübungen lernt der Klient durch einfache Kontrolltechniken wie Atem-, Bewegungs- und Imaginationsübungen den bewußten Umgang mit sehr intensiven Situationen, was in der Regel eine gesteigerte Wahrnehmungs- und Reaktionsfähigkeit zur Folge hat.

Ausgerüstet mit diesen Erfahrungen unterstützen alle Beteiligten die Behandlung einzelner Teilnehmer, die während eines Aufenthalts im „Heilkreis" der ungeteilten Aufmerksamkeit des Gongspielers sicher sein können. Entsprechend der intuitiven Vorgehensweise, wie ich sie in der Beschreibung der „Klangmassage" noch darstelle, werden Klangfolgen gestaltet, deren Form und Inhalt die energetische Situation des Menschen aufgreift, der sich im Zentrum des „Heilkreises" befindet, und nach Möglichkeit weiterentwickelt. Kommt es, eingeleitet und unterstützt durch die Klänge, zu einer Verbindung der Gruppenenergie mit der des Gongspielers und der Hauptperson, schwingen alle Anwesenden gemeinsam in einem Feld, dessen produzierte Energie dem Zentrum der allgemeinen Aufmerksamkeit zu Gute kommt. Darüber hinaus entwickelt sich für alle Anwesenden eine Atmosphäre der Anteilnahme, die weitreichende Realisationen zur Folge haben kann.

Es ist zu entscheiden, inwieweit die Klangarbeit auf eine rezeptive Form beschränkt bleiben soll und das Spielen der Gongs Bestandteil der Selbsterfahrung sein kann. Meiner Meinung nach ist das Spielen der Gongs ein weiteres Thema und verlangt nach einer anderen Art der Annäherung. Die während der Gongerfahrung entstehenden kreative Bedürfnisse der einzelnen Teilnehmer sollten durch individuelle Ausdrucksformen ausgelebt werden; die Teilnehmer sollten ihre Konzentration am besten auf die persönliche Resonanz ausrichteten.

Eine Selbsterfahrungsgruppe ist nicht als Therapie zu verstehen, auch wenn sich therapeutische Perspektiven für einzelne Teilnehmer entwickeln können! Zweck und Ziel eines Seminars ist die Erfahrung des eigenen seelischen, geistigen und körperlichen Zusammenspiels und ihre Entwicklungsmöglichkeit unter dem Einfluß der eigenen kreativen Gestaltungskraft. Eine derartige Veranstaltung kann für das Selbstverständnis der eigenen Persönlichkeitsstruktur wichtige Schlüsselerlebnisse auslösen und vermag Impulse zu setzen, die in der folgenden Zeit durch Wiederholung ähnlicher Erfahrungen eine Vertiefung des Verständnisses sowie verbesserte Verhaltensroutinen im Umgang mit energetischen Situationen bedingen kann.

Eine Therapie dagegen verlangt ein sehr viel zielgerichteteres Vorgehen, bei dem die Anamnese des Patienten im Mittelpunkt aller Aktivitäten steht. Der Gong wird selten als autarkes Therapiemittel gesehen, sondern erfüllt in bestimmten Situationen eine katalytische Funktion. Die Erfahrungen beschreiben jedoch häufig die herausragende Rolle des Gongeinsatzes innerhalb des therapeutischen Verlaufs.

Musiktherapeuten schätzen den Gong sehr, und es existieren zahlreiche Abhandlungen über seine vielfältigen Verwendungsmöglichkeiten. Insbesondere möchte ich an dieser Stelle auf das hervorragende Kompendium „Heilende Klänge - Der Gong in Therapie, Meditation und Sound Healing" hinweisen, das von Hilarion Petzold, dem Leiter des „Fritz Perls Instituts" herausgegeben worden ist. Dieses Buch ist im Rahmen der sehr erfreulichen Reihe „Kunst - Therapie - Kreativität" im Junfermann-Verlag erschienen und vermittelt einen umfangreichen Eindruck der Gongarbeit aus dem Blickwinkel der „Integrativen Therapie". Diese Therapieform gibt mit Hilfe der verschiedenen kreativen Medien dem Patienten die Möglichkeit, unter der Führung eines Therapeuten sein innerstes Wesen zu gestalten, um über einen kommunikativen Weg der Selbsterkenntnis wieder einen Zugang in sein gesundes Leben zu finden.

Dieses Ziel ist durch verschiedenste Vorgehensweisen zu erreichen, deren Wahl sich zum einen aus der Symptomatik des Patienten und zum anderen aus der Entscheidung des Therapeuten ergibt. Petzold selbst unterscheidet zwischen „übungszentriert-funktionalen, erlebniszentriert-agogischen und konfliktzentriert- aufdeckenden Modalitäten des Vorgehens".

Das Studium besagten Buches wirft unbedingt die Fragestellung auf, inwieweit die Dynamiken des menschlichen Seelenlebens definiert und systematisiert werden können. Ein wesentlicher Punkt, gerade im Zusammenhang mit Gongmusik, ist ja die Begegnung mit dem „Unbeschreiblichen", dem „Mysterium des Klangs". Ist die Fähigkeit, alle wahrscheinlichen Ereignisse formulieren zu können, eine notwendige Voraussetzung und Absicherung für den Umgang mit bewußtseinverändernden Aktivitäten oder existieren vielleicht noch andere Werte, die ein alternatives und ergänzendes Vorgehen legitimieren könnten?

Jeder Mensch, der sich mit psychologischen oder künstlerischen Darstellungen beschäftigt, ist auf eine ihm ureigenste Weise motiviert, sich seinen Neigungen und Talenten entsprechend mit dieser Materie auseinanderzusetzen. Darüber hinaus unterliegt er den übergeordneten soziokulturellen Prägungen seiner Epoche mitsamt allen Sachzwängen aber auch Möglichkeiten des herrschenden Zeitgeistes.

Die vorrangige Aufgabe der heutigen Zeit scheint in der Entdeckung und Verwirklichung neuer Wege und Möglichkeiten zu bestehen, um die Manifestationen eines festgefahrenen Gedankenguts zu überwinden bzw. zu überleben! Schritte in das Unbekannte verlangen Mut und Entschlossenheit von demjenigen, der sie ausführt, und sind noch keine Garantie für erfolgreichere Lösungen. Ein Faktor aber, der sicherlich das Leben der zukünftigen Menschen bestimmen wird, ist die Fähigkeit zur Meditation.

Die Befreiung des Individuums von seinen selbstbegrenzenden Glaubensgrundsätzen und den daraus bedingten Realitäten geschieht nicht in den alltäglichen Bewußtseinszuständen, sondern in den meditativen und kontemplativen Momenten des Lebens. Die Einrichtung und Bereitstellung solcher Momente stellt für die Beteiligten eine Bereicherung ihres Lebens dar, deren Wert gar nicht hoch genug eingeschätzt werden kann. Unter diesem Aspekt halte ich die Veranstaltung von Gongmeditationen und anderen Meditationsformen für sinnvoll und zeitgemäß. Wer sich mit Gongmusik beschäftigt, wird automatisch seine Erfahrungen sammeln und verwerten müssen.

Die Gefahr, daß Gongklänge schwerwiegende psychische Probleme verursachen könnten, hat für mich nur einen geringen Stellenwert. Die positiven Möglichkeiten sind unvergleichlich größer.

Eine physiologisch gestaltete Gongmeditation beinhaltet eine gesprochene Einführung, in der grundsätzliche Hinweise und Verhaltensanweisungen durchaus angebracht sein können. Man sollte jedoch beachten, daß durch die Beschreibung möglicher Ereignisse bereits eine Konditionierung der anwesenden Menschen erfolgt und der Ansage entsprechende Reaktionen vorprogrammiert sind.

Wirklich gefährliche Situationen entstehen, wenn überhaupt, in Momenten exzessiver und übersteigerter emotionaler Klanggestaltung. Sinnvoll erscheint mir, sich mit Hilfe einer bewußten Spielweise auf die Darstellung natürlicher Schwingungszusammenhänge zu beschränken. Unter Berücksichtigung der bereits erwähnten verschiedenen Klangqualitäten stehen uns wirklich alle denkbaren Parameter zu Verfügung und wir können Resonanzfelder zu allen in der Natur vorkommenden Phänomenen herstellen.

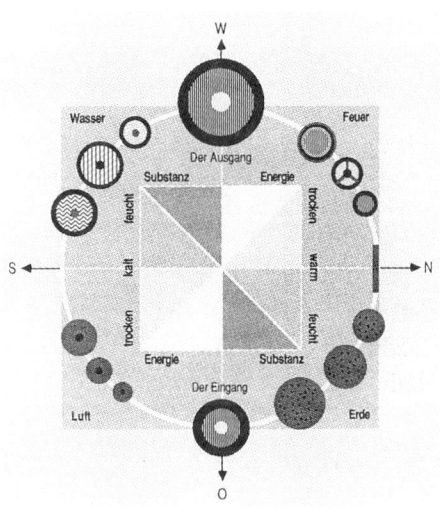

Abb. 21: Der Gongkreis

Einen praktikablen Zusammenhang zwischen kosmologischer Konzeption und musiktherapeutischer Vorgehensweisen finden wir in der Arbeit des in der Schweiz lebenden Musikers und Therapeuten Johannes Heimrath. In seinem Buch „Das Sonogramm der Persönlichkeit - Gongs als Modulatoren der Körperenergie" beschreibt der Autor eine von ihm entwickelte Methode des Umgang mit Gongs.

Im Mittelpunkt stehen die körperlich wahrgenommen Resonanzen der Elemente Wasser, Luft, Feuer und Erde. In einer Reihe von sechs Sitzungen wird ein sogenanntes Sonogramm erstellt, in dem die persönlichen Höreindrücke der einzelnen thematisierten Sitzungen in einer Landkarte des hörenden

Körpers verzeichnet werden. Das Gesamtbild spiegelt die Struktur der individuellen Vitalenergie wieder und das stufenweise Erleben dieser elementaren Kräfte hat eine kathartische Wirkung für den hörenden Menschen.

Neben dem ritualisierten Ablauf unterstreicht das Setting in Form eines eingeordneten Gongkreises, in dem die einzelnen Gongs ihrer elementaren Entsprechung gemäß gruppiert werden, den schamanistischen Charakter dieser speziellen Vorgehensweise.

Die Möglichkeit, durch das Kombinieren verschiedener Klangqualitäten eine individuelle Situation energetisch darzustellen und damit für den Betroffenen konfrontierbar zu machen, hat in der Arbeit des „Klanghauses" zu der Entwicklung einer Gong-Klangmassage geführt. Eingebunden in einen strukturierenden Zusammenhang bietet diese Anwendungsform als „Holistische Resonanztherapie" Klienten und Patienten eine Gelegenheit der entwicklungsorientierten Auseinandersetzung mit den charakteristischen Formen des eigenen Schwingungsfeldes.

In einem Zyklus, dessen Dauer auf vier zweistündige rezeptive Begegnungen begrenzt ist, wird letztendlich angestrebt, den gesamten Schwingungszusammenhang des Menschen auf einen persönlichen Klang zu reduzieren. Ähnlich einer hochpotenzierten homöopathischen Schwingung ist dieser Ton oder Klang und seine ihm entsprechende Form in der Lage, die Lebenskraft des Betreffenden in einer seinem Potential entsprechenden Art und Weise positiv zu stimulieren.

Die vier Abschnitte verteilen sich auf einen nicht zu weit auseinanderliegenden Zeitraum. Jede Phase hat eine bestimmtes Thema, das mit dem Klienten vorher besprochen wird und anschließend in Form einer individuell gestalteten Klangmischung akustisch dargeboten wird.

Das Setting besteht aus einem Gongkreis, in dem die einzelnen Gongs in einer durchdachten Konstellation angeordnet sind. Der Umfang des Kreises richtet sich nach dem Ausmaß des Instrumentariums. Für die Durchführung einer „Holistischen Resonanztherapie" benötigt man mindestens vier verschiedene Gongs mit unterschiedlichen Klangwirkungen.

Aus einer meditativen Haltung heraus erlebt der Klient, der im Kreis der Gongs liegt, seine Fähigkeit, auf die Klänge zu reagieren und in der Folge mit ihnen umzugehen. Seine Höreindrücke gestalten innere Bilder, die in einem Bezug zu den vorgefaßten Themen stehen. So entwickeln sich körperliche, emotionale und geistige Reaktionen, die in ihrem Ausdruck durch die Schwingungen der Instrumente sowie der Begleitung durch den Therapeuten unterstützt werden.

Abb. 22: Eine Klangmassage in der „Holistischen Resonanztherapie" im Klanghaus

In der ersten Sitzung ist die Person selbst das Thema der Klanggestaltung. Alle verfügbaren Klangqualitäten skizzieren ein Gesamtbild der zu behandelnden Person. Der Therapeut und Spieler erhält durch die Beobachtung der unmittelbaren Resonanzwirkung und der Entwicklung des Gesamtklangs einen Eindruck der bestehenden Situation und der Themen des Klienten. Sinn dieser ersten Phase ist das Berühren sämtlicher Wesensmerkmale des Betroffenen. Die Einheit des Selbst wird mit all seinen stofflichen und feinstofflichen Systemen von den Klängen berührt und in Schwingung versetzt. In diesem „Feedback" entsteht eine Eigendynamik des verbindenden Zusammenklangs.

Innerhalb dieser ersten Sitzung ist es für den Spieler wichtig, sich nicht auf das Ausspielen von Themen einzulassen, selbst wenn diese sich offensichtlich einstellen. Es ist die ausdrückliche Absicht dieses ersten Zusammenkommens, einen akustischen Querschnitt durch die Gesamtheit der zu bespielenden Person darzustellen, ohne einzelne Aspekte zu vertiefen. Der Spieler beschließt die erste Spielrunde mit einer erdenden Imagination.

Voraussetzung für die Durchführung eines solchen Ablauf ist die Beherrschung der grundsätzlichen Spieltechniken und die Fähigkeit, sich intuitiv auf die Ausstrahlung seines Gegenübers einlassen zu können und diese durch die verschiedensten Klänge auszudrücken. Ein erfolgreiches Gestalten dieser „holistischen Resonanz" setzt ein gewisses Maß an Erfahrung voraus, es hat sich aber klar gezeigt, daß von Anbeginn der Auseinandersetzung mit dieser Technik einfachste Suggestionen und Affirmationen dem Gongspieler garantieren, daß er zu befriedigenden Ergebnissen gelangt. Der einzige überzeugende Lehrmeister kann nur die eigene Erfahrung sein! Man sollte auch weniger im Sinn haben, spektakuläre Heilerfolgen zu erzielen, sondern die Bedeutung dieser Situation des Gebens vielmehr unter dem Aspekt der sich übenden Anteilnahme sehen.

Wer bereit ist, sich auf diese Möglichkeit der Begegnung einzulassen, wird für den Intellekt nicht zu fassende Erfahrungen machen und sich einen Zugang in die Welt der Schwingungen erarbeiten, der alle bisherigen Vorstellungen über die Zusammenhänge der Schöpfung erweitern wird.

Der ersten Sitzung folgt ein Gespräch, in dem der Klient Gelegenheit hat, seine Erlebnisse während dieser maximal einstündigen Beschallung mitzuteilen. Nach Möglichkeit beschränken wir uns auf das Zuhören und überlassen es während der ersten Phase so weit wie möglich dem Klienten, über seine Erfahrung zu sprechen. Der Grund für unsere Zurückhaltung ist damit begründet, daß wir in der ersten Sitzung das ganze aktuelle Schwingungsfeld des Betreffenden aktiviert haben und wir uns noch komplett im Bereich der projizierten Realitäten aufhalten. Alle Beobachtungen und Kommentare, selbst wenn sie in sich stimmig wären, würden nur Dinge benennen, die der bisherigen Lebensgestaltung entsprechen. Ziel unseres Vorgehens ist jedoch, über die Herstellung einer „holistischen Resonanz" neue Zusammenhänge zu manifestieren.

Die zweite Sitzung steht unter dem Zeichen der Erdverbundenheit. Wir fordern unseren Klienten auf, diesen Kontakt im Stehen zu beginnen, um dann, wenn er seinen inneren Impulsen folgt, die Lage zu finden, die seiner empfundenen Verbindung mit der Erde entspricht. Wir beginnen mit einer in Worte gefaßten Imagination, um uns auf das Thema „Erde" einzustimmen.

Im Verlauf dieser Runde entwickeln wir verschiedene in sich schlüssige Klangfelder, die unterschiedliche Qualitäten der Erdverbundenheit aufzeigen. Im Gegensatz zur ersten Phase sollten wir dieses Mal die Themen solang wie möglich ausspielen und vor unserem geistigen Auge die sich wandelnde Verbindung der Erdenergie mit dem Schwingungsfeld des Klienten visualisieren.

Während dieser Sitzung kann es zur Aufarbeitung traumatischer Erinnerungen kommen. Unsere Aufgabe ist es, diese Atmosphäre zu unterstützen, damit die in eingeschlossenen Emotionen gebundene Lebensenergie freigesetzt werden kann.

Von größter Bedeutung ist der letzte Abschnitt dieser Arbeitseinheit. Wenn wir den Eindruck haben, sämtliche Kanäle zur Erde erspielt zu haben, lassen wir die Klangbewegungen zur Ruhe kommen und fordern den Klienten auf, mit seiner Wahrnehmung den körperlich empfundenen Resonanzort des letzten Klanges zu lokalisieren und im Bewußtsein zu halten!

Wir geben Gelegenheit für ein Gespräch, wobei wir zu Beginn über die uns herausragenden Episoden unserer Wahrnehmung berichten. Häufig kommt es hier zu Übereinstimmungen zwischen den von uns geschauten Bildern und den Erlebnissen des Betroffenen, der sich mit seiner Darlegung der Geschehnisse anschließt.

Eine besondere Bedeutung kommt dem körperlichen Empfinden des letzten Klangeindrucks zu. Er stellt für die betreffende Person einen möglichen Zugang für seine ganz persönliche Art der Erdanbindung dar. Dieser Verbindungspunkt ist mehr als jeder andere Punkt seines Körpers in der Lage, den Einklang des Körpergefühls mit der lebendigen Energie der Erde herzustellen. Dieser Punkt sollte in der folgenden Zeit Gegenstand meditativer Übungen sein. Nach einer Übungzeit zwischen zehn und dreißig Tagen hat sich gewöhnlich dieser neue Energiefluß etabliert und steht der betreffenden Person als Routine zu Verfügung.

Wir beschließen daher den zweiten Tag der „holistischen Resonanztherapie" mit einer abschließenden Meditation, in deren Mittelpunkt das Betrachten des zuvor gefundenen Verknüpfungspunktes steht. Der Spieler unterstützt diesen Vorgang mit einem dezenten, schwebenden, erdgebundenen Klang und kommuniziert währenddessen verbal mit dem Teilnehmer über Form, Farbe, Größe, Lage und Energiefließgeschwindigkeit seines Schlüsselpunktes. Ein wichtiger Bestandteil dieser Meditation ist die Kommunikation mit dem gefundenem Schlüsselpunkt selbst, da mitunter noch geringfügige Veränderungen in seiner letztendlichen Position möglich sind.

In dem Maße wie sich unser Leben verwandelt, sind auch Veränderungen in unserer feinstofflichen Anatomie wahrscheinlich. Letztlich müssen wir unsere Orientierungspunkte ständig neu erfassen, um ein „Up-date" unserer kosmischen Anbindung zu realisieren. Die hier beschriebene Vorgehensweise wird den Übenden jedoch helfen können, einen Einstieg in einen erweiterten Realitätsbegriff zu erlangen.

Nachdem wir in der ersten Sitzung die Bestandteile des Individuums mit Hilfe der Schwingungen aktiviert und anschließend die gesamte Konstellation mit der tragenden Kraft der „Mutter Erde" in Verbindung gebracht haben, kommen wir im dritten Teil zu einer weiteren grundlegenden Komponente der menschlichen Existenz, der Anbindung an den Himmelsraum.

Zu Beginn dieses Vorgangs besprechen wir die gemachten Erfahrungen und hinterfragen die Nachwirkungen und Eindrücke der bisherigen Erlebnisse.

Wir beginnen mit einer Wiederholung der persönlichen Erdungsübung und leiten über in eine raumgreifende Klangstruktur. Die Aufmerksamkeit löst sich vom Körper und verbindet sich mit den ausweitenden Tönen, bis ein maximales Raumempfinden realisiert wird.

Dieser Vorgang vollzieht sich in mehreren Schritten; dem Klient wird dabei empfohlen, diesen Prozeß der Ausdehnung wiederholt anzusetzen, bis sich ein völliges Gefühl des Losgelöstsein einstellt. Als Spieler setzen wir das Spiel wiederholt unvermittelt ab und kommunizieren mit unserem Partner, ob und wo er in seinem Körper noch eine Resonanz der nachschwingenden Klänge verspürt. Meldet sich eine Wahrnehmung, so ist diese Stelle der Ausgangspunkt für eine weitere Ausdehnungsphase. Haben wir nach mehreren Ansätzen ein Gefühl der körperlichen Leere hergestellt, verweilen wir in der nächsten Runde über einen längeren Zeitraum mit einem kontinuierlichem Spiel im Grenzbereich der physiologischen Lautstärke.

Wir lassen die Klänge auslaufen und tauchen ein in ein Erlebnis der Stille. Während dieser Stille stellt sich ein Raumgefühl ein, das sich in einer den Körper umgebenden Form wahrnehmen und beschreiben läßt. Im Dialog mit dem uns anvertrauten Menschen erfassen wir diese Form und beschreiben sie in einem Bild. Diese Imagination stellt das Pendant zu dem erdenden Schlüsselpunkt dar und in dem Maße, wie der

Erdpunkt uns einen energetischen Zugang zu der irdischen Dimension des Seins ermöglicht, stellt diese räumliche Form eine Ausgangsposition für die Begegnung mit unserer sphärischen Existenz dar.

Wenn wir die Beschreibung dieser symbolhaften Form unserer Energiematrix abgeschlossen haben, fordern wir unseren Gegenüber auf, durch ein wiederholtes Umschalten der Wahrnehmung zwischen Körper, Erdungspunkt und Raumform das Gefühl für diesen Eindruck in seinem Bewußtsein zu verankern. Zum Abschluß des dritten Tages spielen wir die Klänge der Raumform und fordern auf, sich entspannt der Betrachtung dieses Eindrucks zu widmen.

Manche Menschen haben den Eindruck, daß sie keine inneren Bilder wahrnehmen. In den meisten dieser Fällen ist der persönliche Zugang zur Vorstellungskraft so untrainiert, daß das momentane Gefühl des „Nichtempfindens" keinen repräsentativen Eindruck über die eigentlichen geistigen Fähigkeiten und Anlagen der betreffenden Person darstellt. In solchen Fällen fordern wir auf, sich in jeglichen Entscheidungssituationen („Was siehst Du?") konsequent auf den nächsten Eindruck zu verlassen und ihn in seiner Entwicklung zu verfolgen, anstatt die Aufmerksamkeit sprunghaft von einem Eindruck zum nächsten gleiten zu lassen. Fallen wir oder der Klient aus dem Fluß der Wahrnehmung heraus, was im allgemein ganz normal ist, beginnen wir, sobald wir das Aussteigen registriert haben, die Übung von vorne. Insbesondere an dieser an sich schwierigen Hürde helfen uns die konditionierten Gestaltungen der Klänge in unnachahmlicher Weise.

Indem die Klänge weiterschwingen, bleibt das Energiefeld erhalten und unser Bewußtsein kann sich unmittelbar mit der ganzen Schwingungsform synchronisieren und wieder in den Verlauf der Handlung einsteigen. Selbst wenn wir größte Mühe haben, dem Fluß zu folgen, weil wir zum Beispiel wegen der Tiefenentspannung schläfrig sind, werden die strukturierten Klangbilder ihre Wirkung behalten und über unsere unbewußten Anteile den Körper, die Seele und den Geist berühren können.

Es ist im übrigen ein unvergleichliches Erlebnis, zu Gongmusik einzuschlafen und die Klänge aus dem Traumbewußtsein heraus zu erleben!

Der Klient wird während des Ablaufs wiederholt daran erinnert, sich seinen inneren seinen Impulsen entsprechend zu benehmen und sich nicht durch die angewöhnten Konventionen der Verhaltensregeln einzugrenzen. Er darf jederzeit den Spielvorgang unterbrechen, die Augen öffnen, auch wenn der Therapeut entgegengesetzte Anweisungen ausgesprochen hat, laut atmen oder tönen, die Ohren verschließen, seine Lageposition verändern, Fragen stellen …. auf diese Möglichkeiten ist unbedingt zu verweisen, damit sich niemals das Gefühl einstellt, dem Prozeß gegenüber ausgeliefert zu sein. Der Klient entscheidet, wie weit er gehen möchte und welche Erfahrungen er vielleicht nicht eingehen möchte.

Selbst wenn wir als Therapeuten mitunter den Eindruck haben, diese oder jene Maßnahme würde unseren Klienten weiterbringen, sind wir strengstens angehalten, uns zu jedem Zeitpunkt den Rahmen unserer Kompetenz zu vergegenwärtigen. Andernfalls ist es möglich, daß wir innerhalb der Klient-Therapeut-Beziehung unserem Gegenüber seine Möglichkeit der Übernahme von Eigenverantwortung wegnehmen und durch Entscheidungen unter Umständen Prozesse auslösen, die für den Betreffenden noch nicht anstehen und die er gar nicht handhaben kann.

Ich betone diesen Aspekt sehr, da ich wiederholt dramatische Fälle der persönlichen Entwurzelung zu behandeln hatte, an deren Beginn eine vermeintliche selbstverwirklichungsorientierte Therapie stand. Selbst wenn die Entscheidungshilfen gebenden Schauungen auf einer wohlmeinenden Haltung beruhen und eine reale Resonanzmöglichkeit entsprechend der persönlichen Affinitäten beschreiben, kann niemand den Verlauf des Lebens eines anderen Menschen beurteilen. Mitunter besteht das Ergebnis der therapeutischen Arbeit in der Anerkennung einer Grenze für den Entfaltungsraum des Wesens.

In der letzten Sitzung kommt es zu einer Synthese zwischen der Erdverbundenheit mit der Himmelsanbindung. Das Ziel ist, den Schnittpunkt dieser beiden ursächlichen Resonanzverbindungen in einem Ton und einem entsprechendem visualisierten Bild herauszuarbeiten und darzustellen.

Zu Beginn dieses Höhepunktes der gemeinsamen Arbeit vergegenwärtigen wir die bisher gemachten Erfahrungen und überprüfen die gewonnen Bilder auf ihre Kontinuität.

Das Gongspiel knüpft thematisch ebenfalls an die vorherigen Klangstrukturen an und beginnt mit dem erdenden Klangfeld der zweiten Sitzung. Der im Mittelpunkt des Geschehens sitzende Mensch beginnt seine abschließende Erfahrung ebenfalls mit der Erdung seines Körpers, seiner Gedanken und seiner Gefühle und es entsteht ein gemeinsames morphogenetisches Feld, dessen Qualität sich durch die intuitive Gestaltung der hörbaren Schwingungen erschließt.

Sobald wir den Eindruck haben, daß die Erdverbundenheit hergestellt ist, beginnen wir mit der Darstellung der Raumform und bitten den Klienten, sich die Präsenz dieses energetisierenden Symbols und seine Verbindung mit ihm ins Bewußtsein zu bringen.

In der Folge besteht die Herausforderung, sich beide Realitäten gleichzeitig vorzustellen! Unsere Aufmerksamkeit sollte auf zwei parallel stattfindende Prozesse ausgerichtet werden, durch die wir eine Spannung zwischen den Polaritäten Himmel und Erde entdecken. Das sich nun entwickelnde Spiel nimmt Bezug auf diesen dritten Raum der Spannung und beschreibt die für das Individuum potentielle Beziehung, die sich aus dem Gegenüber in ein Miteinander verwandeln kann. Aus einer scheinbar gegensätzlichen Dynamik entwickelt sich eine ineinander verwobene Beziehung, die jeden Bestandteil des menschlichen Wesens einbeziehen kann.

Wir räumen dem Spiel einen langen Zeitraum ein und unterlassen jegliche Art von Intervention. Der Klient folgt während der gesamten vierten Phase hinsichtlich seiner Haltungen, Bewegungen und Bildern ausschließlich seinen eigenen Impulsen. Unsere ganze Hingabe als Gongspieler ist gefordert. Je mehr Platz wir für die spontanen Entwicklungen schaffen, um so befriedigender wird sich die Darstellung zweier verschiedener energetischer Begebenheiten und deren Begegnung verwirklichen lassen.

In der Schlußphase kommt es darauf an, die Klänge immer überschaubarer, transparenter und konzentrierter werden zu lassen. Wenn wir den Klang letztendlich absetzen, sollte dieser abschließende Klang aus einer bewußten Entscheidung heraus gesetzt werden und in unserer Imagination eine zusammenfassende Beziehung zu allen bisherigen Schwingungen herstellen.

Wenn wir während dieses Vorgangs den Eindruck haben, den richtigen Ton nicht ganz getroffen zu haben, nehmen wir das Spiel für eine weitere kurze Spielrunde auf und unternehmen einen weiteren Versuch. Stellt sich auch beim dritten Anlauf kein befriedigendes Gefühl ein, lassen wir die Sitzung ausklingen und schlagen eine weitere, fünfte Phase vor, um die Gründe der Widerstände aufzuklären. Erleben wir als Klangtherapeuten diesen nicht zufriedenstellenden Ausgang des Therapieverlaufs in mehr als einem von fünf Fallen, sollten wir eine Supervision bei einem auf ähnliche Art arbeitenden Therapeuten durchführen.

Es erscheint mir eine Grundvoraussetzung für eine erfolgreiche Arbeit mit dieser Methode zu sein, verschiedene Verläufe selbst erlebt und vor allem deren Nachwirkungen beobachtet zu haben. Während wir als Klangarbeiter jede Gelegenheit nutzen sollten, Erfahrungen zu sammeln, empfehle ich den Klienten, sich für ungefähr ein Jahr lang um die Integration des erweckten Schwingungspotentials zu bemühen, bevor es zu einer weiteren Anregung und Neuorientierung kommt.

Außerdem empfiehlt es sich sehr, diese Arbeit mit einer anderen Person gemeinsam zu erleben und zu erlernen. Nichts ist wichtiger als eine umfassende Kommunikation über die verschiedenen Erlebnisse in diesen schwingenden Welten!

Gehen wir davon aus, daß in unserer modellhaften Darstellung des Sitzungsverlaufs der letzte Ton gefunden worden ist. Wie nach der zweiten und dritten Sitzung ist das Nachspüren und Empfinden des letzten Punktes der Resonanz der entscheidende Schlüssel für das energetische System. Der in dieser letzten Phase gefundene Ort symbolisiert die Essenz unseres gesamten schwingenden Gefüges. Wann immer wir in der nächsten Zeit eine meditative Situation gestalten, eine feinstoffliche Erfahrung suchen oder ein energetisches Problem auflösen möchten, haben wir eine Ausgangssituation, die unsere Ganzheit mit einbezieht und keinen der Faktoren, der unsere holistische Realität prägt, unberücksichtigt läßt.

Die Konsequenzen einer bewußt gestalteten holistischen Verbundenheit können jeden Bereich des Lebens beeinflussen. Ich betone jedoch nochmals eindringlich die absolute Individualität jedes einzelnen Therpieverlaufs und seiner Resultate.

Ich habe wiederholt die Erfahrung gemacht, daß bestimmte Erwartungshaltungen, die sich mitunter in der ersten Begegnung mit einem Patienten einstellen, den Weg auf das Ergebnis verbaut haben, das sich letztendlich in einem völlig anderem Licht zeigt. Ein völliges Loslassen aller persönlichen Meinungen erscheint mir als eine wichtige Voraussetzung für ein lösungsbezogenes Vorgehen unseres Handelns. Unser Geist wird sich intuitiv in den Handlungsverlauf einschalten und im richtigen Moment die entscheidende Idee liefern, sofern wir uns der übergreifenden Resonanz öffnen.

Diese Eigenart der Dinge, sich ständig in einem neuen Zusammenhang zu präsentieren, sorgt für eine ständige Abwechslung und eine immer frische Lebendigkeit der Begegnungen zwischen dem Therapeuten und den Klienten. Während meiner achtjährigen Arbeit mit dem Thema „Gong", wobei ich die Methode der „Holistischen Resonanztherapie" seit sechs Jahren anwende und ihre Möglichkeiten in ca. 50 Seminaren und ca. 700 Einzelsitzungen erlebt und weiterentwickelt habe, hat sich niemals ein Gefühl der Wiederholung eingestellt, und die Auseinandersetzung erscheint ständig in neuen Aspekten.

Die Darlegung von Fallbeispielen halte ich zur Zeit für weniger bedeutend als die Bereitschaft, sich auf eine eigene Erfahrung mit dieser Vorgehensweise einzulassen. Die von mir beschriebene „holistische Resonanztherapie" möchte den interessierten Menschen einen andersartigen Standpunkt der Orientierung innerhalb der Vielfältigkeit der Erscheinungsformen aufzeigen und neue Horizonte des Umgangs mit therapeutischer Musik entwickeln.

Gongs sind wie kein anderes Musikinstrument in der Lage, Resonanzphänomene zu erzeugen und Situationen der persönlichen Betroffenheit zu initiieren. Das bewußte Erleben dieser Schwingungsräume kann den angewöhnten Handlungsspielraum vergrößern und neue Einsichten und Absichten in die persönliche Lebensgestaltung einfließen lassen.

Abb. 23: Drachengong aus Brunei

7. Kapitel
Die Kreativität der Sinne
in Meditation und Selbsterfahrung

Alle folgenden meditativen Übungen sind als Anleitungen zur Selbsterfahrung mit Gongklängen zu verstehen und möchten darüber hinaus dem forschenden Gongtherapeuten die Struktur einer sinnvollen Übungsreihe anbieten. Die Art und die Reihenfolge hat sich aus den Erfahrungen vieler Gongseminare entwickelt und sich als schlüssig und praktikabel erwiesen.

Gehen Sie einfach kreativ mit den vorgeschlagenen Übungen um! Lesen Sie die Meditationsvorschläge zuerst durch und wiederholen Sie diese im Geist, bis Sie den Eindruck haben, den Sinn erfaßt zu haben. Dann vollziehen Sie die Übung langsam und in aller Ruhe in Ihrem eigenem Zeitmaß und gestalten den realen Ablauf in Kommunikation mit Ihrem eigenem Empfinden.

Spätestens nach dem dritten Mal werden Sie eine verblüffende Gewohnheit bemerken, und die Räume der inneren Aufmerksamkeit werden sich von Mal zu Mal leichter ergründen lassen. Jeder Moment des Tages kann auch für kurze Übungen geeignet sein.

7.1 Raumhören

Zweck dieser Meditation ist, das „hörende bewußte Sein" zu erkennen! Die große Herausforderung bei der Arbeit mit Gongklängen besteht in der Gratwanderung zwischen einer präsenten, beobachtenden Haltung und dem Drang, sich innerhalb der Klänge aufzulösen. Gefragt ist der Mittelweg zwischen Festhalten und Loslassen; der größtmöglichen Konzentration bei gleichzeitiger Entspannung, dem Unterscheidungsvermögen zwischen Realität und Projektion und der Wahrnehmung des umgebenden Raums

Übung 8: „Raumhören"

Unsere Augen sind geschlossen

und wir fühlen uns entspannt.

Wir richten unsere Aufmerksamkeit

auf die ruhigen fließenden Atembewegungen.

Der Körper sitzt oder steht aufrecht.

Im Atem erspüren wir unsere Haltung,

bis wir uns ganz wach und weit fühlen.

Die Aufmerksamkeit wandert in den Bereich des Hörens

und wir empfinden ihn vom Atem berührt.

Wir begeben uns mit unserem Körpergefühl

in das intuitiv empfundene Zentrum unseres Selbst

und richten unsere Aufmerksamkeit

auf die Geräusche und Töne

des uns umgebenden Raumes.

Wir hören verschiedenste Klänge

und unterscheiden im Verlauf der nun folgenden Zeit

die Anzahl der eigenständigen Geräuschquellen.

Nachdem wir sämtliche Tonquellen entdeckt und geortet haben,

lassen wir unsere Konzentration von Geräusch zu Geräusch springen

und ganz spielerisch verweilen wir mal hier oder da und

entscheiden, was wir bevorzugt heraushören möchten.

Nach Eintreten der Leichtigkeit im Umschalten

von einem Geräusch zum nächsten

wollen wir unsere Achtsamkeit auf zwei

(und in der Folge auf mehrere)

Klangquellen gleichzeitig richten.

In steter Wandlung

verändern die Klänge

die Strukturen der Orientierung.

Die Intensität der Impulse

liegt im Zwischenraum der Bewegungen.

Wir entscheiden uns, diese Übung zu beenden,

begeben uns dazu in das Zentrum unseres Selbst,

atmen einige Male tief durch und öffnen die Augen.

Der Zeitraum dieser Übung ist beliebig. Je mehr Zeit Sie aufwenden, um so besser wird sich Ihr Bewußtsein an diese Art der Wahrnehmung gewöhnen. Diese ausschließliche akustische Orientierung hat ein enorm gesteigertes räumliches Empfinden zur Folge. Nach einer Zeit der Gewöhnung synchronisiert sich unser Körpergefühl mit den Distanzen zwischen uns und den Geräuschquellen ebenso wie mit den Ursprungssituationen der verschiedenen Klänge. Ihre jeweiligen Qualitäten können unser Körpergefühl auf spezifische Weise stimulieren und unseren spontanen Ausdruck beeinflussen.

„Raumhören" ist eine rein passive Übung und kann ergänzend noch effektiver gestaltet werden, indem Sie z.B. gezielt Geräuschquellen im Raum unterbringen oder die Übung mit verbundenen Augen in der Natur ausführen.

Bei spontan ausgeführten Übungen leiden viele Menschen an der Fülle der akustischen Umweltverschmutzungen und fühlen sich in ihrer Sensibilität irritiert. In solchen Fällen ist es zu empfehlen, sich die exakten Regionen am oder im Körper zu vergegenwärtigen, die mit dem Störgeräusch in Resonanz schwingen. Erspüren Sie die unangenehmen Eigenschaften dieser Schwingung und finden Sie anschließend einen körperlichen Punkt, der Ihrem Empfinden nach die entstandene Disharmonie ausbalancieren kann. Die Auseinandersetzung mit sogenannten negativen Schwingungen ist ein zentrales Thema vieler Menschen, die sich mit einer Verfeinerung der Sinne beschäftigen.

Erstrebenswert scheint mir die Haltung, negativ wahrgenommene Qualitäten nicht zwangsläufig aus unserem Leben ausgrenzen zu wollen, sondern über den Weg der Integration sich selbst Klarheit zu verschaffen, in welchem Teil unseres Wesens der Resonanzpunkt für dieses spezielle Empfinden verankert ist. Anschließend sollten wir versuchen, durch eine Umstrukturierung der lokalen Konditionierung diese Verbindung aufzulösen. Denn alle Ereignisse des Lebens, die uns aus unserer Mitte zu tragen, sind nur eine weitere Herausforderung, die unser schöpferisches Bewußtsein aktivieren kann.

7.2 Das Gaia-Bewußtsein

Einer der bedeutendsten und offensichtlichsten Veränderungen des kollektiven Bewußtseins in unserer Zeit ist die Haltung gegenüber unserem Heimatplaneten, der Mutter Erde. War es insbesondere seit den Errungenschaften der industriellen Revolution eine beschlossene Sache, sich die Erde untertan zu machen und sie in jeder nur erdenklichen Art und Weise auszubeuten, hat sich seit Beginn der sechziger Jahre eine neue Beziehung zur Erde entwickelt, an der inzwischen viele Menschen Anteil nehmen.

„Gaia, die große Mutter Erde" ist zentrales Thema vieler Publikationen, in denen unser Planet als ein großes lebendiges Wesen betrachtet wird, das mit einer eigenen sich entwickelnden Intelligenz ausgestattet ist und unsere wichtigste Partnerin inmitten des heutigen Chaos ist. Das Erwachen des „Gaia-Bewußtseins" geht einher mit dem Wiederentdecken des weiblichen Prinzips, einer Qualität des Lebens, deren Abwesenheit die dramatischen Entwicklungen der Neuzeit erst möglich gemacht hat.

Die eigene Schwingung mit der Energie der Erde zu verbinden, ist ein grundsätzlicher Vorgang in sehr vielen therapeutischen und spirituellen Disziplinen, dessen „erdende" Bedeutung sich dem Übenden schnell erschließen wird.

An dieser Übung erweist sich zum ersten Mal der unschätzbare Wert musikalischer Gestaltungskraft. Selbst die Menschen, die bisher noch keinerlei Erfahrung mit dem

Erspüren von unterschiedlichen Energieflüssen haben, können die Behauptung, daß die Erde eine lebendige Schwingung sei, die sich mit ihrem Gefühl verbinden kann, mit Hilfe der Gongklänge nachvollziehen und sich selbst in Verbindung mit dieser Schwingung erleben.

Ich halte es für sehr wichtig, erdverbindende Übungen an den Anfang jeder Gongarbeit zu stellen, da die Erdverbundenheit nicht nur einem modernen Bild entspricht, sondern eine verläßliche Basis für folgende sich in den Raum hinausbewegende Klangformen schafft.

Bei allen Übungen geht es um ein bewußtes Hinspüren und Fühlen bei größtmöglicher Entspannung und gleichzeitiger Präsenz der Aufmerksamkeit. Es gilt, die Lebendigkeit des Moments zu realisieren, sein noch nicht aktiviertes Potential zu ergründen, es nach Möglichkeit ins Bewußtsein zu führen oder aufsteigen zu lassen und dabei die Steuerung und den Ausdruck des Atems und der Bewegung integrativ zu nutzen

Gongmusik ist wie keine andere Klangwelt in der Lage, solche holistischen Prozesse zu initiieren und zu begleiten. Jeder Gong kann die Aufgabenstellung, die psychische Energie des einzelnen mit der Erdenergie zu verbinden, verwirklichen, sofern die mentale Imagination des Gongspielers stark genug ist. Einfacher ist es natürlich, sich eines Instrumentes zu bedienen, das die gewünschte Klangfließrichtung bereits als Qualität in sich trägt.

Der Gong der Wahl wäre in diesem Falle „Sound Creation Nr.3" oder auch die der Erde zugeschriebenen Planetengongs. Ist man auf die vorhandenen Tonträger angewiesen, empfiehlt sich das zweite Stück „Earth Link" auf der CD „Gongs", das zweite Stück auf „Gong Mandalas" sowie alle Stücke in der Erdenstimmung auf den diversen „Star Sounds Orchestra"-Alben.[5]

---

[5] siehe Diskographie

Übung 9: Erdmeditation

Wir entscheiden uns für eine Position
im Sitzen, Stehen oder Liegen.
Wir wissen, daß wir uns zu jeder Zeit verändern können.
Die Wahrnehmung des in sich ruhenden Atemkreislaufs
umfaßt das Zentrum unseres Körpers.
Wir spüren unter uns
die Erde, die uns trägt.
Vor unserem geistigen Auge
sehen wir den Planeten Erde.
Im blauen Licht schwingt die Erde durch den Weltraum.
Wir erkennen, es ist SIE
die unser Leben möglich macht,
es ist SIE, auf der wir in diesem Augenblick atmen.
Wir spüren unser Zentrum,
es ist mit unserer Mutter verbunden.
Beim Einatmen nehmen wir von unten aufsteigende Energie auf,
beim Ausatmen fließt Energie nach unten.
Dieser Energiefluß durchströmt unseren ganzen Körper.
Wir beobachten die Reaktionen ruhig und gelassen
und fühlen uns getragen und beschützt.
Das Gefühl der Wärme
durchflutet unser Herz
und wir genießen die Einheit
Langsam lösen wir die Verbindung
und verweilen in dem neuen Gefühl.
Mit geschlossenen Fäusten klopfen wir auf unseren Bauch
und unseren Körper und kehren zurück.

Nach jeder Übung setzen wir eine Pause, um anschließend in einem Gespräch die Erlebnisse zu besprechen.

Im Zusammenhang mit den erdverbindenden Übungen hat es sich gezeigt, das die Arbeit mit Trommeln, vorzugsweise mit afrikanischen Trommeln, einen ungemein hilfreichen Einfluß auf das vorbereitende oder anschließende „Erden" innerhalb einer Gongtherapiesitzung hat.

Ich habe sogar den Eindruck, als ob die Arbeit mit den Gongklängen, die von vielen Teilnehmern als ein unvorstellbar weites Eintauchen des Bewußtseins in sphärische Gefilde kleinster wie größter Dimensionen beschrieben wird, ohne die zurück in den Körper führende Macht kraftvoll getrommelter Rhythmen unmöglich wäre.

Als gut geeignete Trommeln haben sich in meiner Arbeit die Trommeln des Schweizer Trommelbauers Hannes Berchtold erwiesen, der weiterentwickelte Modelle traditioneller koreanischer und japanischer hängender Trommeln in perfekter Ausführung produziert. Seine Trommeln haben den Vorteil, daß sie auf Grund ihrer soliden Bauweise und ihres dementsprechend mächtigen Klangvolumens der einnehmenden Komplexität dynamischer Gongklänge einen vollwertigen Klangeindruck entgegensetzen können.

Für einen Gongspieler oder Gongtherapeuten ist es jedenfalls von großem Vorteil, eine Trommel spielen zu können, wobei sicherlich nicht die Virtuosität entscheidend ist, sondern das Vermögen, synchron zu physiologischen Pulsationen, wie zum Beispiel dem eigenen Herzschlag, taktieren zu können, was uns mitten in unser nächstes Thema führt.[6]

---

[6] Siehe auch das Buch von Töm Klöwer, Die Welten der Trommeln und Klanginstrumente (erschienen im Verlag Bruno Martin), das außer der Beschreibung vieler Trommeln auch einfach erlernbare Übungen enthält.

7.3 Die Macht des Atems

Eine weitere grundlegende Übungsreihe, die allen anderen Klangerfahrungen vorausgehen sollte, ist die Konfrontation mit Klangstrukturen, die auf den Atemkreislauf einwirken.

Keine andere Körperfunktion beeinflußt die unendlichen Möglichkeiten des menschlichen Befindens so sehr wie der Bewegungsablauf des Ein- und Ausatmens. Keine therapeutisch aktive Person kommt an der gründlichen Beschäftigung mit diesem fundamentalem Thema vorbei. Darüber hinaus ist das Atembewußtsein eines der wenigen Kontrollwerkzeuge im Zusammenhang mit psychischen Dynamiken unter dem Einfluß stimulierender Klänge.

Seit Dr. John Diamond, ein populärer Arzt, Kinesiologe, Forscher und Autor, über praktische Zusammenhänge von Musik, Lebensenergie und Gesundheit geschrieben hat,[7] wissen wir, daß eine entspannte Achtsamkeit gegenüber dem Atemfluß eine sprunghafte Qualitätsverbesserung des Zusammenspiels von Motivation, Fähigkeit und Tun auslösen kann. Der fundamentale Zusammenhang zwischen bewußter Atmung und Verbesserung der Lebensqualität darf nicht außer Acht gelassen werden. Lassen Sie uns in diesem Sinne die lebensschaffende Kraft des Atems nutzen.

---

[7] Siehe: Dr. John Diamond, Lebensenergie in der Musik, Verlag für angewandte Kinesiologie

Übung 10: Atemmeditation

Die Augen sind geschlossen.
Wir entspannen unseren Körper,
ohne unser Zutun entfalten sich
kreisend die Atembewegungen.
Wir beobachten die Wellenbewegungen in unserem Körper
und fühlen, wie die Aura des Atems
den uns umgebenden Raum einnimmt.
Wir vergewissern uns der stabilisierenden Erdverbundenheit
und atmen aus unserem körperlichen Zentrum
in all jene Stellen, die wir als zu wenig beatmet empfinden.
Aus der Ferne nähert sich ein pulsierendes Klangfeld,
es berührt uns in unserem Mittelpunkt
und übernimmt die Führung der Atmung.
Wir erlauben diesen Kontakt und beobachten
die Reaktionen unserer Empfindungen.
Neue Räume gestalten unsere Wahrnehmung.
Lebendige Eindrücke intensivieren
die gefühlsmäßig erlebten Kräfte.

Für die spielerische Umsetzung dieser Meditation ist der Abschnitt „Die mantrische Pulsation" im 5. Kapitel vorgesehen. Die entsprechenden Titel sind Nr.3 auf der CD „Gongs" und Nr.4 auf der CD „Gong Mandalas".

7.4. Fokus Sieben

Die Kraft eines Klangs wirkt auf die Gesamtheit unseres körperlichen und feinstofflichen Systems. Gemäß der jeweiligen individuellen Konstitution entfalten sich die Klänge innerhalb der sensiblen Reaktionen des Gefühlskörper und werden darüberhinaus durch den betrachtenden und denkenden Geist mit subjektiven Assoziationen belegt. Außerdem können Klänge unsere Aufmerksamkeit in andere Dimensionen der Realität transportieren.

Unabhängig von unseren persönlichen Glaubensgrundsätzen über die Existenz oder Nichtexistenz von anderen Welten des Bewußtseins bietet die eigene Erfahrung die beste Möglichkeit, Wissen über diese Welten zu erlangen; auch die Betreuung von Menschen, die sich gerade in diesen Erfahrungsräumen aufhalten, kann dazu beitragen.

Bei dieser Gelegenheit möchte ich auf die empfehlenswerten Bücher des amerikanischen Bewußtseinsforschers Robert Monroe hinweisen, der durch die Forschungsarbeiten in seinem Monroe-Institut grundsätzliche Definitionen über die Strukturen der jenseits der dritten Dimension befindlichen Räume und die dort möglichen Bewegungen für Wesen, die physisch in der Erdenwelt verankert sind, entwickelt hat.

Robert Monroe hat in seinem Institut sogenannte „Explorers" („Entdecker") unter dem Einfluß bestimmter Klangstrukturen in eine bewußte Tiefenentspannung versetzt und diese Experimentatoren, ähnlich wie in einem luziden Traum, auf ihren „astralen" Ausflügen begleitet. Aus diesen Studien gingen komplexe Kartographien der jenseitigen Sphären hervor und die „Explorer" berichteten von seltsamen Begegnungen mit in den Astralwelten lebenden „Wesenheiten". Voraussetzung für die Reisen in diese „jenseitigen" Welten war die Entwicklung von Klangmustern, die die Gehirnhemisphären synchronisieren und in tiefe Entspannung versetzen.

Die Übung „Focus Sieben" wurde durch die Beschäftigung mit dem Monroeschem Gedankengut inspiriert und steht für eine Projektion des Selbst in einen entfernteren Raum.

Übung 11: Focus Sieben

In langen Abständen ertönen kraftvolle Gongs,
jeder einzelne Ton verklingt in der Stille.
Mit dem Gewahrwerden der Stille
empfinden wir gleichzeitig einen Sog,
der unser Gefühl der Mitte in den Raum hinaus zieht.
Wir begleiten den Sog mit unserem Atem;
in die sich ausdehnende Bewegung
intensiviert ein neuer Gongklang
die Dynamik der Ausbreitung
und führt uns weiter hinaus in den Raum.
Wir sind uns dabei unserer Mitte bewußt.
Verlagert sich während dieses Ereignisses
das Gefühl für die Mitte,
geben wir dieser Veränderung statt.
Während wir uns in den. Raum hinausbewegen,
verändert sich merklich die Beschaffenheit
des uns umgebenden Raumes.
Wir nehmen die Veränderung zur Kenntnis
und überlassen es unserer Fantasie,
den Raum zu beschreiben.

Prinzipiell ist jeder symphonische Gong geeignet, diese Klangstruktur zu erzeugen, optimal ist jedoch der symphonische Sonnengong, gefolgt vom Planetengong „Saturn". Die entsprechende Spieltechnik finden wir im Abschnitt Nr.1 „Die Einstimmung" des 6. Kapitels über das praktische Gongspielen.

Als passende Tonträgersequenz ist das Stück „Focus 14" auf der CD „Gongs" und Titel Nr.5 „Timeless" auf „Gong Mandalas" zu empfehlen.

7.5 Die kreative Imagination

In meiner Anfangszeit als Gongmusiker und Klangtherapeut widerfuhr mir ein Schlüsselerlebnis, das meine Vorstellung über die Möglichkeiten von Klanganwendungen nachhaltig beeinflußt hat.

Ich war eingeladen worden, in einer geschlossenen Abteilung der Alsterdorfer Anstaltungen, einer Institution für sogenannte geistig-behinderte Menschen, einen Gongabend zu gestalten.

Im Vorfeld dieser Einladung hatte es mit den verantwortlichen Betreuern bereits heftigste Diskussionen gegeben, ob ein derartiger Abend überhaupt machbar sei, eben unter Berücksichtigung der nicht einzuschätzenden Auswirkungen der Gongmusik auf die Teilnehmer. Ich versprach umsichtig und bedacht vorzugehen und war sehr aufgeregt, wie sich dieses Konzert wohl entwickeln würde.

Vom ersten Moment an war eine starke Aufmerksamkeit und Anteilnahme durch das Publikum für mich spürbar, wie ich sie im Vergleich bei Konzerten vor „nichtbehinderten" Menschen in der Regel erst gegen Ende des Vortrages erlebe, wenn sich eine entspannte und zulassende Haltung bei den Zuhörern entwickelt hat.

Die Klangstrukturen entfalteten sich sanft und harmonisch, die Zuhörer(innen) waren sichtlich eins mit der Musik.

Zu jener Zeit machte ich meine ersten Erfahrungen mit Vorstellungsübungen und war insbesondere inspiriert durch das Buch „Stell dir vor" von der amerikanischen Autorin Shakti Gawain. Das Funktionsprinzip beruht auf der Annahme, daß alle Manifestationen aus Gedanken oder Ideen hervorgehen. Folglich können Gedankenbilder, insbesondere wenn sie konzentriert sind und sich in einem zielgerichteten Zusammenhang bewegen, Realitäten erschaffen, die wiederum eigenständige Wirkungen entfalten. Ebenso können unbewußte Gedankenmuster Wirklichkeiten produzieren, die uns vordergründig als fremd oder sogar lebensfeindlich erscheinen, letztendlich aber nur ein Produkt unseres Selbstes darstellen.

Meine Fantasie war jedenfalls sehr angeregt in Anbetracht der sich aus diesen Gedanken ergebenden Schlußfolgerungen. So nahm ich jede Möglichkeit war, das kreative Visualisieren unter „echten" Bedingungen zu erproben.

Da der Gongabend in diesem Heim sich denkbar harmonisch entfaltete, ließ ich meiner Intuition freien Lauf, mit dem Ziel, das denkbar Beste zum Wohle aller Anwesenden zu ermöglichen. Meine Aufmerksamkeit richtete sich bald auf eine Frau in der dritten Reihe, die sich im Grunde nicht sonderlich aus den 120 Teilnehmern hervortat. Intuitiv kam mir der Gedanke, daß dieser Frau der Klang eines ganz speziellen Gongs hervorragend bekommen würde. Ohne näher zu überlegen, entschied ich mich für den Wassergong aus der Sound-Creation-Serie und begann, eingebettet in den Gesamtklang meiner Musik, mir vorzustellen, daß mit dem Anschwellen des Klangs dieses Wassergongs eine Verbindung mit dieser Frau entsteht. In meiner Fantasie wanderte der Klang wie ein Strom klingender Wellen durch den Raum, umhüllte die Frau, um sie anschließend aus allen Richtungen zu durchfluten; dabei hatte ich hatte Assoziationen einer gründlichen Reinigung. Während dieses Vorgangs beobachtete ich Ihre Reaktion, ohne jedoch einen offensichtlichen Eindruck einer Resonanz zu sehen. Gemäß den Anweisungen des Buches setzte ich jedoch unbeirrt meine Klangreinigung fort, bis ich „fühlte", daß der Prozeß abgeschlossen sei. Während ich den Klangstrom zurückholte, um diesen Handlungsablauf zu beenden, brach zu meiner großen Verwunderung ein heftiger Applaus mit Begeisterungsausrufen über mich herein, sozusagen mitten hinein in die musikalische Darbietung. Meine kleine Imagination war in keiner Weise durch Pausen oder gar Ansagen dramaturgisch aus dem Gesamtklangbild hervorgehoben worden und noch niemals zuvor hat irgendein Mensch während eines Gongkonzertes applaudiert.

Etwas irritiert streifte mich die Ahnung, daß die anderen Anwesenden diese Inszenierung womöglich wahrgenommen hatten. Bevor ich jedoch diesen Gedanken weiter verfolgen konnte, verlangte das Geschehen vor Ort meine volle Aufmerksamkeit. Eine ältere Frau war aufgesprungen und begann, die Musik zu dirigieren. Ermutigt durch das vorangegangene Erlebnis ließ ich sie gewähren und folgte spielerisch ihren Anweisungen, denen sie durch ausufernde und dramatische Gesten Ausdruck verlieh. Die Intensität der Musik vervielfachte sich unmittelbar, die meisten der Anwesenden bewegten sich zu den Klängen auf ihren Plätzen und fixierten mit freudigen Gesichtern Punkte im Raum. Kompositorisch perfekt verlor sich das Thema in der Ferne und das Konzert war nach einer guten Stunde ohne nennenswerte Zwischenfälle beendet, lediglich ein Betreuer zerbrach ein Glas. Die für alle offensichtliche Beobachtung fand den gemeinsamen Nenner, daß sich wirklich alle Anwesenden unerwartet so harmonisch verhalten hatten und daß es sehr ungewöhnlich gewesen war, daß sie einen derart langen Zeitraum konzentriert mit ein- und derselben Tätigkeit verbrachten, nämlich dem Zuhören dieser Gongmusik.

Das Schlüsselerlebnis bestand für mich weniger in der klinisch definierbaren Auswirkung meiner Musik auf die „Verrückten", sondern in der eigenartigen Reaktion auf meine im Geiste durchgeführte Übung. Sollte es tatsächlich sein, das ein von mir gedachtes Bild für andere Wesen wahrnehmbar ist, dann hätte ich ein Mittel zur Hand, das mindestens so gut wie „Zauberei" ist.

In den folgenden Jahren stieß ich auf viele Techniken und Schulungen, die sich auf verschiedenste Arten und Weisen der Kraft der kreativen Gedanken bedienen, meistens mit dem Ziel, den Menschen bei ihren individuellen Prozessen der Selbstfindung und Heilung behilflich zu sein.

Da die Erfahrungen mit den Gongs gezeigt haben, daß ihre Klänge in besonderem Maße dazu geeignet sind, in den meisten Menschen intensive imaginative Prozesse auszulösen, liegt es nahe, die Entstehung dieser inneren Bilder mit Hilfe von Gongklängen zu initiieren. Durch das Wissen um die verschiedenen Schwingungsqualitäten, wie sie zum Beispiel durch die einzelnen Gongs der Sound-Creation-Serie oder der Planetengongs verwirklicht sind, lassen sich beliebige Themen und spezifische Atmosphären klangmalerisch ausdrücken, vorausgesetzt, daß die grundsätzlichen Spieltechniken und Rahmenbedingungen gegeben sind.

Die Aufgabe und Herausforderung des Übungsfeldes „Kreative Imagination" liegt in der Beherrschung der Konzentrationskraft, die benötigt wird, um bei größtmöglicher Entspannung das jeweilige Thema in seiner sich wandelnden Darstellung zu beobachten, anstatt sich im Rausch der Klänge aufzulösen.

Die Möglichkeiten für unterschiedliche Szenarien sind unendlich und jeder, der sich mit diesem Aspekt der Gongarbeit befaßt, sollte seinen persönlichen Talenten folgen und die eigene Intuition und Inspiration als maßgebliche Institutionen anerkennen. Die Erfahrungen entwickeln gewöhnlich verläßliche und tragende Strukturen und zeigen darüber hinaus die eigene Wegrichtung an.

Alle bisher beschriebenen Meditationen werden durch die Kraft der Imagination getragen und trainieren die Fähigkeit, Klangformen in Bilder umzuwandeln. Die Inhalte dieser Bilder und der damit verbundenen Gedanken und Gefühle reflektieren den Zustand des Selbst und ermöglichen die Entdeckung und Kommunikation mit zuvor unbewußten Strukturen der Persönlichkeit. In der Regel hat schon das Erkennen und Konfrontieren einen integrativen Effekt und wird von den meisten Menschen als ein mehr an verfügbarer Lebensenergie empfunden.

Besonders wichtig erscheint mir die Feststellung, daß ein energetisches Spitzenerlebnis, wie es eine Gongklangerfahrung sein kann, nicht zwangsläufig eine „Heilung" bedeutet oder nach sich zieht. Zwar erhält der betroffene Mensch für einen Moment Zugang in eine andere Dimension der Betrachtung und kann sich selbst in seiner ureigensten energetischen Essenz erfahren. Welchen unmittelbaren Effekt dieses Erlebnis jedoch für seine weitere Existenz hat, hängt einzig und allein von seinen zukünftigen Entscheidungen ab, wie er seine schöpferische Kraft in die Gestaltung führt. Ein Gongerlebnis kann neue Resonanzpunkte aufzeigen, bestehende Blockaden, insbesondere auf der körperlichen Ebene, transzendieren, traumatische Erinnerungen aus ihren Erinnerungsverankerungen lösen und die Vision des Lebens freilegen. Die angestrebte Selbstverwirklichung des individuellen Potentials bleibt jedoch der Verantwortung des „Suchenden" überlassen und hat in der Regel ihr eigenes nicht vorhersehbares Zeitmaß.

Ein nicht unerhebliches Problem für Menschen, die auf diesem Sektor arbeiten, ist die wiederholt gemachte Beobachtung, daß innerhalb solcher Klangübungen dem Therapeut oder Musiker für Momente großartige Einblicke in Zusammenhänge und Möglichkeiten der Lebensinhalte der Klienten oder Zuhörer vermittelt werden. Ein guter Klangarbeiter muß unterscheiden können, inwieweit das Bild eine eigene Projektion darstellt oder einen Auszug aus dem Lebensfilm des Gegenübers. Er wird eventuell verkraften müssen, daß realistische Möglichkeiten, die der Lebenssituation des Gegenübers förderlich wären, nicht immer sofort in die Tat umgesetzt werden können. Im Zweifelsfall sollte sich die für jede persönliche Klanganwendung generell zu empfehlende Kommunikation auf die Besprechung der Eindrücke des Klienten beschränken und gegebenenfalls ergänzt oder bestätigt werden.

Das eigentliche Erlebnis ist in der Regel immer das Ereignis selbst. Die intellektuelle Nachbereitung kann die Begegnung mit dem Unbeschriebenen leicht zerstreuen.

Eine abschließende Stillephase vermag oft mehr zu leisten als eine ausgeklügelte Beschreibung des Erlebten.

Übung 12: Kreative Imagination

Wir schließen die Augen
und atmen in die Welt
des uns umgebenden Raumes ein.
Wir fühlen die Erde.
Sieben tiefe Atemzüge
geleiten uns in das Zentrum des Selbst.
Mitten in dieser Ruhe
entsteht vor unserem innerem Auge
ein Bild, ein Gedanke, ein Gefühl,
und wir entscheiden uns,
diesen Eindruck zuzulassen.
Leise Klänge formen die Geschichte,
geben ihr Gestalt durch mannigfaltige Bewegungen.
Sie erzählen,
von der Wirklichkeit
unseres Lebens.

7.6 Körperausdruck

Da sich die Momente der Gegenwart aus ständig verändernden Ursachen und Wirkungsgefügen neu zusammensetzen, ist es naheliegend, daß sich auch der zentrale Punkt der Kontaktaufnahme mit der Außenwelt innerhalb unseres energetischen Gefüges verändert und sich das Gefühl für unser Zentrum verlagern kann.

Unabhängig von allen bestehenden Konzeptionen über die Physiologie feinstofflicher Strukturen hat jeder Mensch eine individuelle energetische Struktur, innerhalb derer sich die fließenden Zusammenhänge ebenso schnell verändern können wie die Gedanken.

Es erscheint daher sinnvoll, außer der Erdung, als einer grundlegenden Verbindung zur Umwelt, ein Bewußtsein für das aktive, veränderliche Zentrum unsere Kommunikation zu entwickeln. Aus diesem Kontaktpunkt heraus wird der gesamte Körper zur Resonanz animiert und wir haben die Möglichkeit, durch ein Zulassen der sich entwickelnden Resonanzbewegungen unseren Körper mitschwingen zu lassen. Indem unser Körper sich im Einklang mit den Impulsen bewegt, unterstützt durch eine bewußte Atmung, übertragen sich die aufgefangenen Energien leicht in jede Zelle des Körpers. Im Gegensatz dazu verhindern Erstarrungen, Panzerungen oder Verspannungen innerhalb unseres Körpergefüges eine angemessene und ganzheitliche Reaktion auf die auf uns einströmenden Reize.

Indem wir eine zulassende Haltung einnehmen und die Reaktion des Körpers geschehen lassen, erleben wir einen Zustand jenseits der mentalen Kontrolle. Sicherlich kann diese Art der Kontrolle ihren berechtigten Platz im Alltag haben, bei den meisten Menschen scheint sie jedoch eine dominierende Wertigkeit eingenommen zu haben und verhindert einen bedeutenden Teil der kommunikativen Möglichkeiten.

Gongklänge haben dank ihrer holistischen Klangstrukturen unendlich viele Möglichkeiten, den Körper zu berühren und zu durchdringen. Bereits nach kurzer Zeit wird der Übende bemerken, daß der Körper von ganz alleine seinen Ausdruck gestaltet: nicht wir bewegen uns, sondern es bewegt uns.

Übung 13: Körperbewußtsein

Sieben Atemzüge
verbinden uns mit der Erde,
mit dem uns umgebenden Raum,
mit unserem Selbst.
Wir genießen die Kraft und
fühlen die Stabilität,
die durch diesen Verbindungen entsteht.
Wir realisieren die Gleichzeitigkeit
der verschiedenen Energieflüsse.
Wir entscheiden uns für das Zentrum
all dieser unterschiedlichen Qualitäten.
Wir beobachten dieses Gefühl des Mittelpunkts
und untersuchen es auf Form, Lage und Bilder.
Wir verspüren das Pulsieren der Lebensenergie
und konzentrieren uns auf den Weg des Energieflusses
aus dem Zentrum heraus und wieder
in unseren Körper hinein.
Der Körper reagiert auf diese Pulsationen,
sanfte aber kraftvolle Bewegungen entstehen
ohne sich zu verselbständigen!
Die Bewegungen folgen den äußeren Impulsen
die uns durch unser Zentrum berühren.
Wir erlauben dem Körper sich auszudrücken.
In der abschließenden Stillephase
untersuchen wir unser Gefühl
des körperlichen Mittelpunktes
und nehmen Veränderungen wahr
ohne sie zu bewerten.

7.7 Die Schattenwelt

Ein weiteres Phänomen, auf das wir in der Beschäftigung mit Gongmusik unmittelbar stoßen werden, ist die spontane Erweckung traumatischer Erinnerungen und den damit verbundenen Gefühlszuständen.

Wir haben es hier mit einer der bedeutendsten Möglichkeiten dieser Klangeigenschaften überhaupt zu tun. Unabhängig davon, daß die ansonsten nicht im Wachbewußtsein zu findenden Erlebnisse aktiviert werden, liegt in der Konfrontation mit diesen nicht erlösten Kräfte ein Schlüsselpunkt auf dem Weg der Befreiung des Selbst. Oft reicht die Entscheidung, die betreffenden Bilder und Assoziationen zuzulassen, bereits aus, die eingeschlossenen Energien zu neutralisieren. Die Angst vor der Erinnerung ist häufig viel schlimmer als das Hindurchgehen durch die traumatisierenden Bilder selbst.

Nichtsdestotrotz haben wir es hier mit einer der beeindruckensten Möglichkeiten menschlicher Reaktionen auf ein Klangereignis zu tun. Der Umgang mit Menschen, die sich in derartigen Situationen befinden, bedarf eines Erfahrungshintergrundes sowie einer unzweifelhaften Hingabe von Seiten des Therapeuten. Eine Kontrolle über die Entfaltung traumatischer Emotionen ist in der Regel nicht möglich. Die gewünschte Reaktion besteht ja gerade in der Erweckung verschütteter Gefühlszustände und der Befreiung der eingebundenen Energien. Jeder Therapeut wird seinen persönlichen Umgang mit derartigen Situationen entwickeln. Die Resultate sprechen eindeutig dafür, sich auf diese Auseinandersetzungen einzulassen, was aber bitte nicht als Aufforderung für einen leichtfertigen Umgang zu verstehen ist!

Solche Momente bedürfen außerdem eines geeigneten Settings und einer vorbereitenden Phase, in der die Betreffenden sich mit dem Verhalten innerhalb der Klangwelten vertraut gemacht haben. Dazu gehört das Wissen um die Entscheidungsfreiheit, inwieweit man gewillt und bereit ist, sich auf dieses Abenteuer einzulassen. In der Regel geschehen die Übergänge in die Bilder des Schreckens plötzlich und unvermutet,. Durch die Konditionierung des Klanggestalters wird aber innerhalb einer zusammenhängenden Klangerfahrung ein Zeitpunkt und Raum für diesen wichtigen Abschnitt vorgesehen.

Für die Spieler einer Angst- und Schreckenrunde ist es wichtig, nach den exessiv gestalteten Klängen, am besten mit dem „Mars" oder (und) „Pluto"-Gong aus der Serie der Planetengongs, eine beruhigende Abschlußphase mit schmeichelnden Qualitäten wie denen der „Venus" oder des „Friedensgongs" zu finden. Für den Fall, daß nur eine beschränkte Auswahl an vorhandenen Instrumenten zur Verfügung steht, wiederhole ich den Hinweis auf den Tatbestand, das durch die entschiedene Absicht jedes andere Instrument mit der gewünschten Wirkung konditioniert werden kann und diese Aufgabe vollwertig erfüllen wird.

Wer auf den Gebrauch von Tonträgern angewiesen ist, findet mit dem Titel Nr.4 „The Darkest Place" auf der CD „Gongs" sowie Titel Nr.7 „Channelled Music" von der CD „Gong Mandalas" die geeigneten Schwingungen.

Ich möchte ausdrücklich betonen, daß für eine progressive Auseinandersetzung mit dem Thema „Transformation durch Klang" diesem Abschnitt eine zentrale Bedeutung zukommt. Bei kaum einer anderen Übung ist die unmittelbar zu erfahrende Vermehrung der persönlichen Lebensenergie so gewaltig wie in der Konfrontation und Bewältigung bis dahin nicht aufgelöster Ängste, Schmerzen oder Trauerzustände. Der individuellen Expression dieser bisher unbewußt erlebten Energien fällt hierbei eine zentrale Rolle zu - und wieder einmal sind es die mächtigen Klänge der Gongs, die uns hier eine entscheidende Hilfestellung anbieten.

Übung 14: Schattenwelt

Wir erinnern uns
an eine Situation des Schmerzes,
der Trauer, der Verzweiflung und
erlauben den Bildern und Gefühlen
sich in unserem Bewußtsein zu manifestieren
und unseren Körper zu erfüllen.
Die Klänge verdeutlichen uns
eine Geschichte,
die Teil unserer Vergangenheit ist.
Die Vergangenheit wird zur Gegenwart
und findet in uns eine Bühne
und eine Auflösung.

7.8 Der Heilkreis

Nachdem wir durch die verschiedenen Meditationen die wichtigsten Eckpunkte unserer holistischen Resonanzen verankert haben, gelangen wir zum Höhepunkt der Möglichkeiten dieser Klangarbeit, der Heilung des Individuums. Der Gong als lebendiges Symbol der Einheit vermag durch seine ganzheitlichen Klangwirkungen den einzelnen Zuhörer in diesen Zustand des Einsseins mit einzubeziehen.

Angelehnt an die in vielen anderen Kulturen existierenden Kreisrituale und Zeremonien zur Intergration des einzelnen in den kosmologischen Gesamtzusammenhang, hat sich eine von dogmatischen Überbauten befreite Zeremonie des „Heilkreises" entwickelt. Die Teilnahme an solch einem Geschehen vermag ungewöhnliche energetische Erfahrungen verbunden mit weitreichenden Erkenntnissen für den einzelnen Menschen auszulösen.

Die Ausgangssituation ist der Gongkreis, wie wir ihn in der Beschreibung der Klangmassage der „holistischen Resonanztherapie" im sechsten Kapitel über die Strategien der Gongtherapie kennengelernt haben. Innerhalb dieses Kreises stehen oder sitzen die teilnehmenden Menschen ebenfalls in einer Runde gruppiert und konzentrieren sich auf die Atmosphäre, die sich in diesem Kreis ausbreitet. Es ist empfehlenswert, durch angeleitete Atem-, Erdungs- und Energieflußübungen das Gefühl für die gemeinsame Schwingung zu verstärken.

Der Leiter und Spieler der Gongs wählt aus der Gruppe der Teilnehmer eine Person und führt sie in das Zentrum des Kreises. Eine suggestive Bildbeschreibung läßt im Bewußtsein aller Anwesenden ein lebendiges Bild aller Faktoren entstehen, die die gegenwärtige energetische Situation beeinflussen. Nach einer Zeit der Einstimmung richtet sich die Aufmerksamkeit aller auf die in der Mitte befindliche Person.

Die Klänge entstehen, wie in der Klangmassage, intuitiv und inspiriert. Die Gruppenmitglieder visualisieren die Klänge, wie sie vom äußeren Kreisrand durch sie hindurch auf den Menschen in der Mitte einwirken. Die besondere Aufgabe liegt in der Möglichkeit, sich selbst in Resonanz zu bringen und die Klangenergie durch intuitive und inspirierte Handlungen expressiv zu verstärken. Das Ergebnis ist eine holistische Kommunikation zwischen den präsenten Wesen, deren Ablauf und Inhalt jedes Mal einzigartig ist und deren Ereignisse sich weitestgehend jedweder Beschreibung entziehen.

Übung 15: Heilkreis

Wir fühlen uns
verbunden mit den anderen Menschen.
Energie strömt über die linke Seite in uns hinein
verteilt sich im Körper,
verläßt ihn durch die rechte Hand.
Wir spüren die Kraft der Erde,
die Energie des Raumes
beschwingt unsere Bewegungen.
Wir sehen das Zentrum unseres Kreises
und getragen von den mächtigen Klängen,
fühlen wir das Wachsen einer Verbindung
zum Mittelpunkt.
Wir geben diesem Fluß Gestalt,
Leichtigkeit und Selbstverständlichkeit
bestimmt unser Tun.
Mit dem Verklingen der Töne
löst sich der Kontakt.
Wir nehmen das geistige Bild
des heilenden Kreises
und legen es in unser Herz.

Die Kompositionen Nr.6 „The Cosmic Heart" auf dem Album „Gongs" sowie Titel Nr.8 „Guardians Of The Edge" sind auf Grund ihrer Sruktur besonders geeignet, die Durchführung von Heilkreisen zu unterstützen.

7.9 Licht und Klang

Übung 16: Licht und Klang

Wir nehmen eine bequeme Haltung ein,
die Fingerspitzen unserer beiden Hände berühren sich
vor unserem Körper.
Mit dem einsetzendem Ton bildet sich
in unseren Händen eine Kugel aus Licht.
Wir spüren ihre Wärme,
wir halten sie fest und atmen,
Licht in unseren Körper,
in unsere Aura,
in unseren Raum,
in die Erde,
hin zu den Sternen.
Wir fühlen das Licht in unsere Hand,
und reichen es unserem Nächsten.

8. Kapitel
Leben mit dem Gong

Im Gegensatz zu den Herkunftsländern dieses vielseitigen Instruments gibt es in unserem Kulturkreis keinen tradierten Rahmen, innerhalb dessen die Anwendungen von Gongs durch Regeln und überlieferte Umgangsformen vorgeschrieben wäre. Dieser Tatbestand erklärt hinreichend die vielfältige Lebendigkeit des Mediums Gong und seinen mittelbaren Einfluß auf das Umfeld, den eigentlich jeder erfährt, sobald er dem Gong einen Platz in seinem Leben einräumt. Bemerkenswert ist die unglaubliche Kreativität, die sich in den vielfältigen Gestaltungen von „Set" und „Setting" beobachten lassen.

Ausschlaggebend für diese Entwicklung ist natürlich die zugrundeliegende Motivation, die zu der Entscheidung animiert, sich auf dieses Instrument einzulassen. Ein Therapeut, der vielleicht im Verlauf seiner Ausbildung eine überzeugende Begegnung mit der verwandelnden Potenz von Gongklängen hatte und sich ein erfolgreiches Werkzeug für seinen praktischen Alltag erhofft, wird logischerweise seine Handhabung ganz anders strukturieren als zum Beispiel ein an Meditationstechniken interessierter Mensch, der von der Symbolik und Ästhetik des Objektes an sich fasziniert ist. Ein Musiker würde den Gong vielleicht zur Erweiterung seines verfügbaren Klangspektrums einsetzen.

Die Universalität des Gongs drückt sich in seiner Fähigkeit aus, jeder individuellen Situation eine Projektionsebene anzubieten. Ich möchte sogar so weit gehen zu behaupten, daß der Gong eine Resonanz zu jenen Ebenen herzustellen kann, die der oder die Besitzer oder Benutzer noch nicht erkannt haben. Es liegt offenbar im Wesen der Eigendynamik dieses Instruments, daß es viele Aspekte des Menschen integrieren kann, auch wenn der „morphogenetischen Impuls" erst aktiviert werden muß.

Natürlich gilt dieser Zusammenhang auch für die unbewußten Strukturen und Kräfte, die ja in jedem Menschen in einer sehr persönlichen Konstellation verankert sind. Aber liegt nicht gerade hierin der wichtigste Ansatzpunkt jeglichen therapeutischen oder künstlerischen Wirkens überhaupt, nämlich sich unbewußten Ursachen zu nähern und Verbindungen zu erkennen? Da der Gong wie kein anderes Instrument leicht und doch mit aller sinnlichen Betroffenheit und Verbindlichkeit in diese ansonsten schwer zugänglichen Bereiche der menschlichen Persönlichkeit hineinführen kann, ist es nachvollziehbar, daß ein oder mehrere Gongs im Leben einen vorher kaum beschreibbaren Effekt haben können.

Nicht immer tritt der gewünschte Effekt der Erweiterung des Lebens ein, insbesondere dann nicht, wenn ein Teil der Persönlichkeit sich der entwickelnden Affinität verschließt und die Kreativität die geschauten Visionen nicht umsetzt oder integriert. Gongspieler(innen) leben wie kaum jemand sonst auf dem „Schleuderstuhl" des Lebens, und der Mythos von den Gongspielern, die eines Tages einfach nicht mehr da sind, ist vielleicht nicht ganz unwahrscheinlich. Insofern ist der oft beschriebene Respekt vor diesen geheimnisvollen Klangerzeugern sicherlich berechtigt und eine sinnvolle Haltung. Außerdem benötigt die heutige Zeit ein konsequentes, visionäres Engagement und wir sollten die Gelegenheit nutzen, die uns der Gong gibt, damit unsere Integrationsfähigkeit und Kreativität unter Beweis stellen. Erfahrungsgemäß findet das Leben immer seinen eigenen Weg, wenn es um die vielfältigen Möglichkeiten des Ausdruck real existierender Kräfte geht, unabhängig davon, ob wir sie erkennen können oder nicht.

Eine weitere lebenswichtige Erfahrung im Umgang mit Gongmusik wird ebenfalls jeder machen können, sofern er in sich eine wohlwollende und liebende Motivation verspürt: Durch Gongklänge initiierte Prozesse, sofern sie nicht völlig unkoordiniert in Bewegung versetzt worden sind, haben in der Regel die Angewohnheit, in nicht voraussehbaren Momenten zu einer Befreiung und Erlösung zu führen. Inwieweit dieses mögliche „Spitzenerlebnis" einen dauernden Effekt hat, hängt selbstverständlich von vielen Faktoren ab, wie sie ja im Kapitel über das therapeutische Gongspiel ausgeführt worden sind. Aber von ganz entscheidender Bedeutung erscheint mir der Effekt eines solchen Erlebnisses auf das Vertrauensverhältnis von Therapeut (Musiker) zu Umwelt und Kosmos. Jeder, der die lebendige Eigendynamik eines intensiven energetischen Austausches, die bei der Gongarbeit häufig präsent ist, erlebt und gespürt hat, und vor allem die konstruktiven Momente des „es geschehen lassen" bewußt nachvollzogen hat, kann seiner Arbeit ein grundsätzliches Vertrauen in den Fluß der Dinge zugrunde legen. Dieses Vertrauen ist eine wichtige Voraussetzung, um in sich den Mut zu verspüren, neue Entdeckungsreisen zu beginnen.

Aber wie oder wo auch immer wir unsere Gongs einsetzen, sei es als Meditations-objekt vor dem Tatami, als Gegenüber in Selbsterfahrungsräumen, als Handwerkszeug in der Therapie, als wunderschön ausgeleuchtetes Objekt auf einer Bühne oder gar als Tempeleinrichtung in der Natur, die Gongs werden bei jeder Gelegenheit eine inne-wohnende Ausstrahlung haben, die eine subtilere Welt der Aufmerksamkeit und Wahr-nehmung auslösen.

Abb. 24: Gongs auf den Philippinen

Abb. 25: Drachengong aus Brunei

Der heilige Gong

Es muß Gongzimmer geben, wie es Badezimmer gibt.
Räume zum Baden im Klang der Klänge.
Da steht der Gong, wie eine Sonne an der Wand,
wie ein Heiligenschein, wie ein Zeichen des Lichts,
wie ein Spiegel, der in dich schaut,
und vor ihm, den Raum ausfüllend,
der weiße oder der blaue Teppich, der dich einlädt,
auf ihm zu sitzen oder zu liegen.
Die Wände atmen Leere.
Mit dem Rücken zum Gong sitzend
schaust du auf den Altar,
der aus einem großen Stein besteht
oder aus einer Blume - oder beidem.
Es kann natürlich nicht jeder ein Gongzimmer haben,
und es ist ein Beruf, mindestens ein Nebenberuf,
Meister des Gongs zu sein -
den Gong zu betreuen:
den Ritus des Gonges zu leben ,
seine Zeiten von ihm zeichnen zu lassen,
ihm zuzuhören,
und sich selbst als Spiegel des Klanges
und als Hüter der Schwelle zum Schweigen.
Und er ist der Gastgeber derjenigen,
die zu ihm kommen, um dem Gong zu begegnen
und ihm, der ihnen überzusetzen hilft
aus ihren Alltagsschwingungen in diejenigens des Gongs
und wieder zurück.

Michael Vetter
GONG Texte 1985

Kommunikation

Für weiterführende Fragen, Anregungen, Erfahrungsaustausch, Ergänzungen, Anfragen nach dem aktuellem Gongkatalog, Vortrags-, Konzert-, und Seminarangeboten wenden Sie sich bitte an die KLANG HAUS Adresse!

KLANG HAUS
Jens Zygar c/o Petersen
Karstenstr. 25
D-22587 Hamburg
Tel.: 040-866 39 69

Weitere Adressen:

Akademie für menschliche Begleitung
Prof. Dr. Jorgos Canacakis
Goldammerweg 9
D-45134 Essen
Tel.: 0201-442 469
(Jährlich im September Gongs und Psychotherapie in Griechenland)

Asian Sound
Michael Ranta
Venloer Str. 176
D-50823 Köln
Tel.: 0221-52 87 75
(Asiatische Gongs in großer Auswahl.)

Aquarius International Musik
Schleißheimer str. 82
D-80797 München
Tel.: 089-52 32 213
(Vertrieb von CDs, MCs und Agenturservice)

Berchtold Trommelbau
Lindenstr. 10
CH-4410 Liestal
Tel.: 0041-(0)61-92 13 079

Dogon
am Ritterquai 2-4
CH-4502 Solothurn
Tel.:0041-(0)65-236 444
(Gongs und Kosmische Oktave, Infos in der Schweiz)

Planet Ware
Fritz Dobretzberger
Birkenstr. 23b
D-82194 Gröbenzell
Tel.: 08142-58106
Fax: 08142-58204
(Informationsservice der Kosmischen Oktave, Literatur von Hans Cousto, Planetenstimmgabeln, Farbmusik und mehr)

Erfahrungsfeld zur Entfaltung der Sinne
Gemeinnützige Forschungs- und Bildungsgesellschaft m.b.H.
nach Hugo Kükelhaus
Sybelstr. 1a
D-40239 Düsseldorf
Tel.: 0211-61 20 93

Freies Musikzentrum München
Ismaningerstr. 29
D-81675 München
Tel.: 089-47 06 314
(u.a. Gongbaukurse)

Gamelan Gruppe Arum Sih
c/o Übersee Museum Bremen
Bahnhofsplatz 13
D-28 195 Bremen
Tel.: 0421-36 19 744
(Andreas Lüderwaldt)

Gong Konzerte
Thomas Arend
Thomas Steinbrecherstr. 7
D-38106 Braunschweig
Tel.: 0531-34 71 08

Ulrich Görlitz
Graf Moltke Str. 29
D-28211 Bremen
Tel.: 0421-345 865

**Institut für Kommunikation und Gehirn-
forschung**
Günter Haffelder
Weißenburgerstr. 24
D-70180 Stuttgart
Tel.: 0711-64 94 955

Musikhaus Pan
Schaffhausener Str.
CH-Zürich
(großes Gongstudio)

Natur - Ton - Musik
Michael Reimann
Hermann Löns Str. 4
D-66459 Kirkel-Altstadt
Tel.: 06841-80135
(Oberton- und Instrumentenunterricht, musika-
lische Selbsterfahrungskurse und Konzerte)

Sabar Roots Percussion
Sielwall 7
D-28203 Bremen
Tel.: 0421-73 475
(Afrikanische Trommeln und Bespannungen)

Paiste
Gongs & Sounds
Gorch-Fock-Str. 13
D-24790 Schacht-Audorf

Diskographie

Acid Test
Hommage a Albert
Simon + Leutner, Berlin 1993
(Eine Horoskop-Vertonung des 50jährigen Jubiläums der Entdeckung des LSD)

Art Ensemble of Chicago
Nice Guys
ECM, München 1978
(moderner Jazz mit vielen Sounds)

Hans de Back
Gong Meditation
Vertrieb: Verlag Bruno Martin
(Traditionelle asiatische Gongs, meditativ aber auch dramatisch gespielt, zum therapeutischen Gebrauch geeignet)

Star Sounds Orchestra
Planets
Foenix Music, Aarhus 1991
(Das Debutalbum des S.S.O. - Steve Schroyder keyboards u. Jens Zygar gongs / perc. - ist die klassische Planetenreise durch unser Sonnensystem von Merkur bis Pluto; die Stimmungen sämtlicher Musikstücke des S.S.O. entsprechen exakt den Vorgaben durch die Kosmische Oktave)

Star Sounds Orchestra
Phantastische Phänomene
CMS Musik, Oberembt 1992
(Die phantastischsten Vertonungen paranormaler Phänomene aus der gleichnamigen Fernsehserie; von actiongeladen über heiter bis höchst meditativ, natürlich kosmisch gestimmt!)

Star Sounds Orchestra
Kosmophonon
CMS Musik, Oberembt 1992
(Die größten live-Erfolge des S.S.O., Tages- und Jahreston der Erde, des Mondes und der Sonne in einer aufwendigen Studioproduktion)

Steve Schroyder
Sun. Spirit of Cheops
Simon + Leutner, Berlin 1992
(zusammen mit Hans Cousto eingestimmte und komponierte Musik in der Stimmung des Sonnentones. Die Tonleitern und Intervalle sind den Maßen der Cheopapyramide abgeleitet)

Karlheinz Stockhausen
Mikrophonie I für Tamtam, zwei Mikrophone, zwei Filter und Regler
Sony Music 1967

Michael Vetter
Zen Gong
Wergo

Jens Zygar
Gongs
Foenix Music, Aarhus1991
(Sanfte und einfühlsame bis filigran komplexe und dynamische Klanggemälde, ausschließlich mit Gongs gespielt, vermitteln einen Einstieg in die Zusammenhänge der Klangwirkungen)

Zygar, Reimann, Heimrath
Klangräume
Foenix Music, Aarhus 1992
(Eine Symphonie der leisesten und gewaltigsten Klänge, gespielt auf Gongs, Gongtrommeln, Sandawas und Shakuhachi. Die Aufnahme für diese CD entstand live im Juni 91 in der Benediktiner-Abtei Königsmünster in Meschede)

Jens Zygar
Gong Mandalas
Aquarius International Music, München 1994
(Planetengongs in Verbindung mit vielen anderen Instrumenten schaffen ein lebendiges Bild zeitgenössischer Gongkultur)

Literatur

Berendt, Joachim-Ernst: Nada Brahma - Die Welt ist Klang, Rowohlt 1985

Conreaux, Don: A New Path To Enlightenment Gong Therapy, unveröffentlichtes Manuskript, Kalifornien 1991

Cousto, Hans: Die Oktave -Das Urgesetz der Harmonie, Simon und Leutner, Berlin 1987

Dewhurst-Maddock, Olivea: Selbstheilung durch Klang und Stimme, AT Verlag Aarau / Schweiz 1993

Diamond, John: Lebensenergie in der Musik, Verlag Bruno Martin, Südergellersen 1985 (jetzt bei VAK)

Hamel, Peter Michael: Durch Musik zum Selbst, dtv / Bärenreiter 1980

Hart, Mickey: Die Magische Trommel - Eine Reise zu den Quellen des Rhythmus, Goldmann, München 1990

Hazrat Inayat Khan: Musik, Frank Schickler, Berlin 1983

Hegi, Fritz: Improvisation und Musiktherapie, Möglichkeiten und Wirkungen von freier Musik - Junfermann, Paderborn 1986

Heimrath, Johannes: Das Sonogramm der Persönlichkeit, Gongs als Modulatoren der Körperenergie, Hugendubel, München1989

Hess, Peter: Die psychedelische Musiktherapie, in: Naturverehrung und Heilkunst, Verlag Bruno Martin, Südergellersen 1993

Jüllich, Michael: Gong, in: Journal 1/2, Essen 1986

Klassiksammlung: ebussy, poetische Impressionen, DeAgostini, Hamburg 1993

Kroker, Ernst: Der Gong - Instrumentenkunde, Auswirkungen und Einsatzmöglichkeiten in der Musiktherapie. Unveröffentlichte Diplomarbeit, Fachhochschule der Stiftung Rehabilitaton Heidelberg 1984

Kükelhaus, Hugo: Erfahrungsfeld der Sinne, Handbuch zur Ausstellung, im Eigenverlag 1988

Leonard, George: Der Rhythmus des Kosmos, Scherz, München 1980

Lorber, Jakob: Licht und Ton, geistige Elemente, Lorber-Verlag, Bietigheim 1977

Lüderwaldt, Andreas: Gamelan, Neue Zeitschrift für Musik Heft 2 1993

Oehlmann, Johannes: Zum Gebrauch von Gongs und Tamtams als therapeutische Instrumente Musiktherapeutische Umschau 11, S. 224 - 236 (1990)

Paiste: Gongs & Sounds Werkskatalog 1991

Petzold, Hilarion (Hrsg.): Heilende Klänge - Der Gong in Therapie, Meditation und Sound Healing, Junfermann, Paderborn 1989

Rudhyar, Dane: Die Magie der Töne, Musik als
Spiegel des Bewußtseins, Scherz, München
1984

Schwenk, Theodor: Das sensible Chaos, Verlag
Freies Geistesleben, Stuttgart 1988

Scott, Cyril: Musik, Ihr geheimer Einfluß durch
die Jahrhunderte, Hirthammer, München 1985

Shakti Gawain: Stell dir vor, Rowohlt, Reinbek
1986

Simbriger, Heinrich: Gong und Gongspiele. Inter-
nationales Archiv fürEthnographie Bd. XXXVI
E.J. Brill, Leiden 1939

Steinbach, Ingo: Klangtherapie - Gesundheit durch
heilende Klänge, Bruno Martin, Südergellersen
1994 (aktualisierte Neuauflage)

Sternsteine, Katalog der 26. Mineralientage München 1989

Strobel, Wolfgang: Die klanggeleitete Trance,
Sonderdruck aus „Hypnose und Kognition"
Heft 1 + 2, 1992

Tomatis, Alfred A.: Der Klang des Lebens, Ro-
wolth, Hamburg 1987

Vetter, Michael: Unveröffentlichte Gongtexte,
Todtmoos-Rütte 1985

Wissenschaft

Messungen der Gehirnwellenströme
beim Spielen und Hören eines Gongs

Bei einem Seminar der „Kosmischen Oktave" auf Schloß Grammont in Frankreich war es während einer Gongmeditation von Jens Zygar möglich, gleichzeitig die Gehirnaktivitäten von Interpret und Zuhörer EEG-spektralanalytisch zu messen und zu erfassen.

Diese Messungen wurden verschiedenen Rechenoperationen (FFT = Fast Fourier-Transformation) unterworfen und anschließend nach unterschiedlichen Kriterien grafisch aufbereitet. Erst diese Umwandlung erlaubt es, weiterführende Aussagen zu machen und ermöglicht so Interpretationen auch über besondere Bewußtseinszustände. Für diesen Bericht wurden diese Feldmessungen anschließend in einer 3-D-Darstellung zusammengefaßt und ergeben so ein Gesamtbild eines zeitlich begrenzten, vorher festgelegten Ausschnitts während der Meditation.

Das 3-D-Bild zeigt links den Zeitverlauf eines Aufzeichnungssegments (Y-Achse). Auf der unteren Achse sind die Frequenzen angeordnet von 1-31 Hz für die linke und von 1-31 Hz für die rechte Gehirnhälfte (X-Achse). Die Höhe der an ein Gebirge erinnernden Darstellung zeigt die Energiedichte der einzelnen Frequenzbereiche.

Das 3-D-Bild von Jens (Interpret) zeigt eine sehr scharf abgegrenzte Beta-Aktivität. Die Konzentration liegt linkshemisphärisch (LH) bei 21 Hz und rechtshemiphärisch (RH) bei 23 Hz mit gleichzeitiger Verstärkung im Deltabereich bei 1-3 Hz. Bei vielen Messungen mit Heilern und Ärzten hat es sich gezeigt, daß der Deltabereich eine entscheidende Rolle bei der Energieübertragung und Informationsübermittlung einnimmt. Übertragungen sind nach unseren Erfahrungen immer nur über die Aktivierung dieses Bereiches möglich. Das 3-D-Bild von „G1" (Zuhörerin) zeigt links- un rechtshemisphärisch eine starke Alpha-Aktivität bei 11 Hz und eine Oktave höher eine starke, scharf ausgeprägte Beta-Aktivität bei 22 Hz. Man könnte sagen, die Person „schwingt". Eine Besonderheit, die bei diesem Bild sichtbar wird, ist die langwellige (langsame) Schwingung über der 22 Hz Beta-Aktivität.

Diese langsame Schwingung, die der normalen Gehirnaktivität überlagert ist, zeigt sich in der Regel nur bei Medien, die sich in Trance befinden und - wie sie sagen - Kontakt zu anderen Bewußtseinsebenen haben.

Da sich beide Personen miteinander in Interaktion befanden, müssen beide Messungen auch in Korrespondenz zueinander interpretiert werden. Hierbei zeigt sich deutlich, wie ein Impuls ausgeführt durch eine Frequenzshift bei Jens (21 Hz links und 23 Hz rechts, Differenz 2 Hz im Betabereich) wie eine Deltaübertragung wirken kann, so daß die Empfängerin im Zwischenbereich bei 22 Hz anfängt mitzuschwingen.

G. Haffelder, Institut für Kommunikation und Gehirnforschung, Stuttgart.

Die Abbildungen befinden sich auf den folgenden Seiten 114 und 115

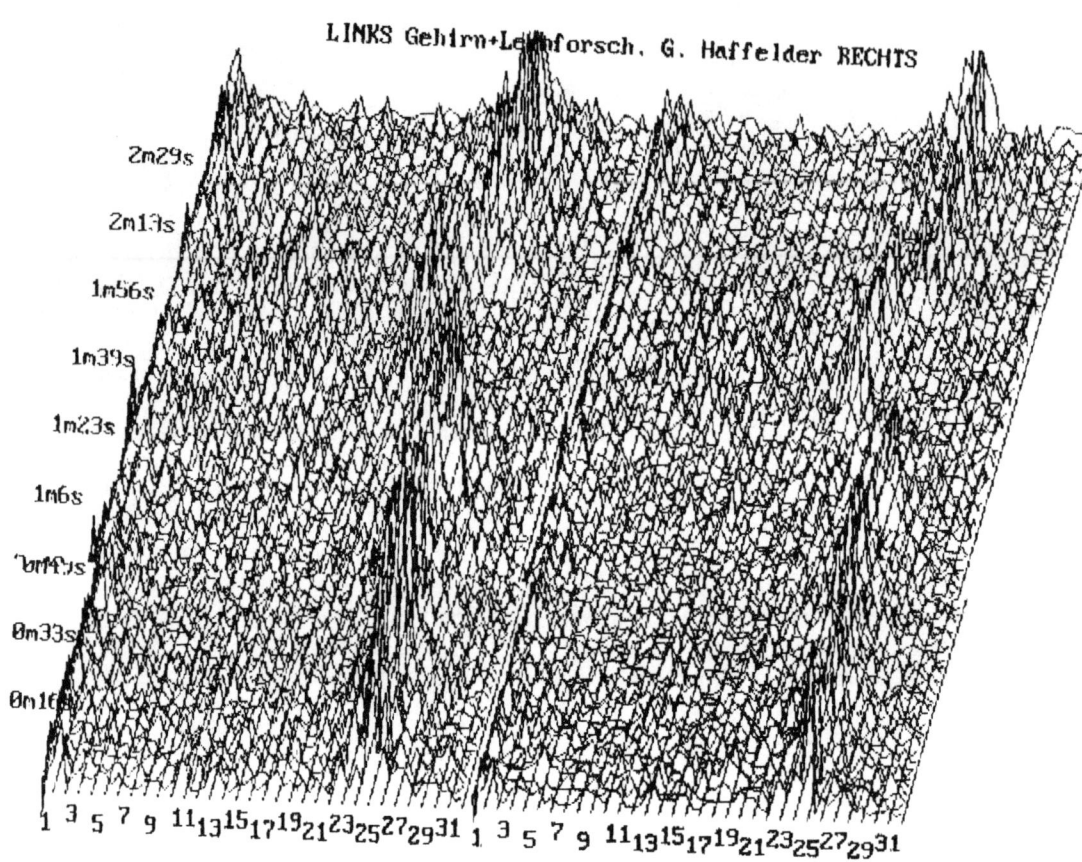

Abb. 1 Gehirnwellenaktivitäten bei Jens (Gongspieler)

114

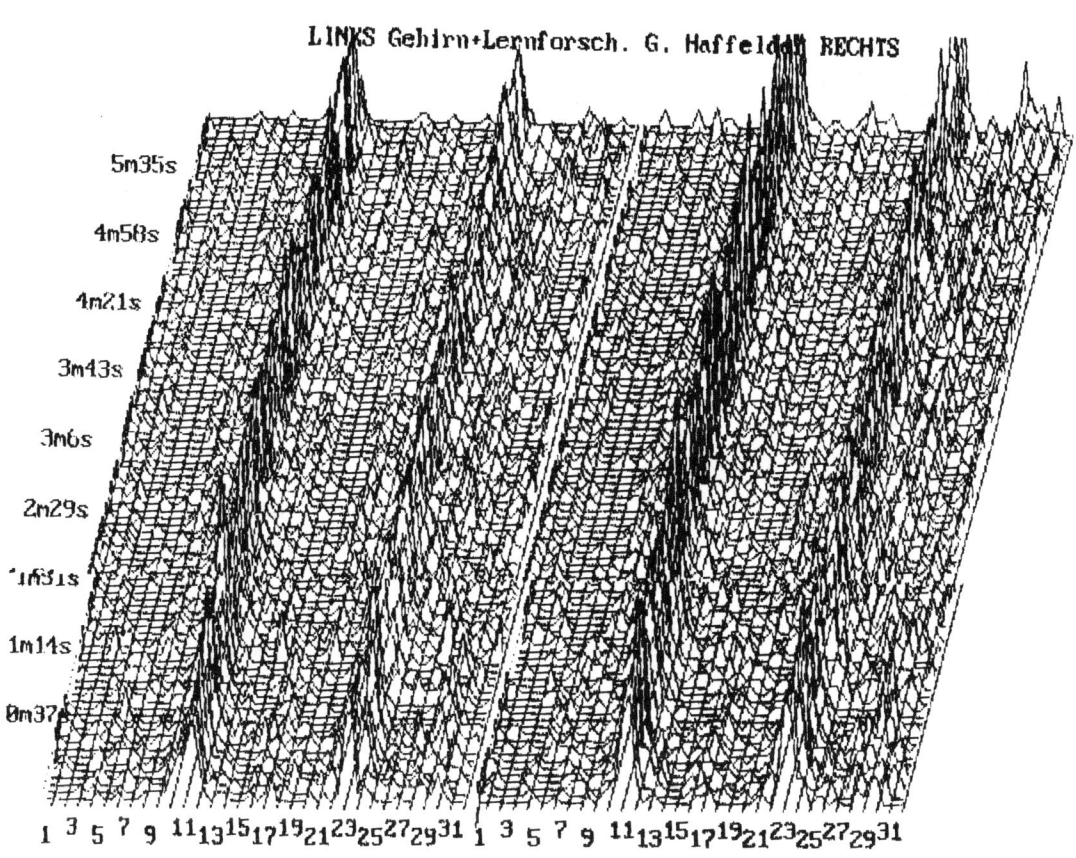

Abb. 2: Gehirnwellenaktivitäten bei der Zuhörerin

Über den Autor

Jens Zygar, 1960 in Moers am Niederrhein geboren, erlebte seine Kindheit in Liberia, Westafrika, wo er mit dem geistigen Feld der afrikanischen Trommelrhythmen in Kontakt kam. Nach Deutschland zurückgekehrt, verbrachte er seine restliche Schulzeit an der Nordseeküste und wurde schließlich in Hambur ansässig. Musik und Natur - das Heilen mit Klängen und Naturheilkunde - sind die Schwerpunkte seiner Arbeit.

1985 gründete er das „Klanghaus", ein Zentrum für Performance und „Klangtherapie", in dem die Arbeit mit Gongs im Mittelpunkt steht. Unter dem Eindruck vielfältigster Erfahrungen gestaltete er eine Form der Klangarbeit, die in vielen Seminaren und Konzerten große Resonanz erfährt.

Die Beschäftigung mit den Klangwirkungen ist für den Tonkünstler und Klangforscher von größtem Interesse. Sie haben die Gelegenheit (wenn Jens Zygar nicht gerade auf einer seiner vielen Reisen und Tourneen ist), dem Gongstudio im Klanghaus Hamburg einen Besuch abzustatten und die Instrumente in einer individuellen Klangmassage real zu erleben.

Zu diesem Buch komponierte Jens Zygar eine außergewöhnliche CD mit dem Titel „Gong Mandalas", auf der er nicht nur seine Gongkunst unter Beweis stellt, sondern auch seine gesamte musikalische Erfahrung mit anderen Instrumenten darbietet. Die Stücke auf dieser CD sind außerdem für die in diesem Buch beschriebenen Übungen geeignet.

Stichwortregister

Die CD zum Buch

Jens Zygar

Gong Mandalas

Zu diesem Buch komponierte Jens Zygar eine außergewöhnliche CD mit dem Titel „Gong Mandalas", auf der er nicht nur seine Gongkunst unter Beweis stellt, sondern auch seine gesamte musikalische Erfahrung mit anderen Instrumenten darbietet. Die Stücke auf dieser CD sind außerdem für die in diesem Buch beschriebenen Übungen geeignet.

Die vielfältigen Einsatzmöglichkeiten der Gongs, auch in Kombination mit anderen Instrumenten, in meditativen und rhythmischen Stücken werden auf dieser CD eindringlich illustriert.

Erscheint voraussichtlich Mai 1994
in Ko-Produktion mit
Aquarius International Music (AIM)

Weitere Bücher zur Weltmusik im Verlag Bruno Martin

Eva Rudy Jansen

Klangschalen - Funktion und Anwendung

Mit dem Strom tibetanischer Flüchtlinge, die seit der chinesischen Besetzung ihr Land verlassen haben, kamen auch die faszinierenden Klangschalen in den Westen.

Immer mehr Menschen werden heute vom singenden Klang der Himalaya-Klangschalen in den Bann gezogen. Wer sich derartigen Klangmassagen unterzieht oder selbst damit experimentiert, beginnt allerlei Möglichkeiten und Aspekte dieser besonderen Schwingungen zu entdecken. Dennoch bleiben die Schalen an sich ein Rätsel. Über ihre Herkunft und ursprüngliche Funktion kursieren allerlei Geschichten, fragt man die Himalayabewohner selbst, dann werden sie meist lächelnd schweigen.

Das Buch von Eva Rudy Jansen "Klangschalen" versucht einige Hintergründe des Geheimnisses zu lüften und will den Leser inspirieren, selbst Antworten zu finden.

Praktische Hinweise, wie man eine Schale bespielt und benutzt, nach welchen Kriterien man sie aussucht und andere praktische Dinge machen das Büchlein für alle Klangschalen-Freunde zu einem nützlichen Ratgeber.

ISBN 90-800594-3-9 (Binkey Kok)

Im deutschen Alleinvertrieb

Fordern Sie auch unsere aktuellen Tonträgerprospekt (CDs und MCs) an.

Töm Klöwer

Die Welten der Trommeln und Klanginstrumente

In diesem Werk werden über 120 Trommeln und Klanginstrumente, ungewöhnliche und bekannte, ausführlich mit Text und Foto vorgestellt. Anregende Spieltips vermitteln dem Leser einen Zugang zu einer Vielzahl von Perkussionsinstrumenten. Eine einfache Silbensprache eröffnet dem Einsteiger die Welt der Rhythmen.

Eine einfache Silbensprache eröffnet dem Einsteiger die Welt der Rhythmen. Die rhythmische Schwingung der Zahlen Zwei und Drei bilden den Ausgangspunkt für die elementare Rhythmuserfahrung. Das Buch veranschaulicht das Schema der Vierer- und Dreier-Pulsation, aus denen sich unzählige Rhythmen und Musikstile ableiten lassen. Verschiedene Rhythmen aus Afrika, Kuba und Brasilien werden vorgestellt.

Verständliche Notationsbeispiele zeigen dem Leser, wie er verschiedene Perkussionsinstrumente spielen und erfahren lernt.

Eine ausführliche Diskographie, Liste von Musikbüchern, Fachliteratur, Videos, Herstelleradressen und anderes Material machen das Werk zu einem umfassenden Percussionsbuch und Lehrbuch, welches dem Musikinteressierten einen unmittelbaren Zugang zu Trommeln und Klanginstrumenten ermöglicht.

ISBN 3-921786-83-5

Die CD zum Buch
Töm Klöwer
Sound Pictures
Auf dieser CD erklingen Rhythmen und Klangbilder von eigener Vorstellungskraft. Der Musiker Töm Klöwer zeigt die musikalischen Ausdrucksmöglichkeiten einiger Trommeln und Klanginstrumente im Dialog mit der Stille.
erscheint voraussichtlich Ende Mai

Dirk Schellberg

Didgeridoo
Das faszinierende Instrument der australischen Ureinwohner

Herkunft, Bau, Spieltechnik, Musiker

Noch immer hält die uralte Kultur der Aborigenes Dinge bereit, mit denen sie auch andere Kulturen bereichern. Das Didgeridoo ist eines davon.

Dieses Buch erzählt interessante Geschichten rund um das Didgeridoo und beschreibt anschaulich Herkunft, Herstellung, Spieltechnik, den Einsatz in der Musiktherapie und seinen Weg in die zeitgenössische australische Musikszene. Die Klangwelten, die ein geübter Spieler auf der Basis des vibrierenden Grundtons entstehen lassen kann, berühren durch ihren Variationsreichtum. Die Aborigenes imitieren mit diesem Instrument beispielsweise das Hopsen eines Känguruhs, das Heulen eines Dingos oder die Gesänge der exotischen Vögel Australiens.

ISBN 3-921786-75-4